BUINIDH MAOILIOS CAIMBEUL do Stafainn san Eilean Sgitheanach far an do rugadh e, ged a tha ceangal aige cuideachd ri Nis ann an Leòdhas, an sgìre às an robh athair. Bha e a' teagasg Gàidhlig san Àrd-sgoil airson bhliadhnaichean. Leig e dheth a dhreuchd ann an 2004 agus on uair sin tha e air a bhith ag obair bhon taigh.

Tha e air a bhith a' sgrìobhadh bàrdachd, nobhailean do dh'òigridh agus sgeulachdan goirid o chionn fhada. Nochd na sgeulachdan goirid aige ann an irisean mar *Steall* agus *Northwords Now/Tuath*. Tha e air ochd nobhailean cloinne a sgrìobhadh agus mòran leabhraichean bàrdachd. Bhuannaich an nobhail mu dheireadh a sgrìobh e, *An Triùir agus Lùbag*, an duais aig Mòd Loch Abar ann an 2017 airson an leabhar a b' fheàrr airson òigridh 'a chaidh a chur an clò thairis air a bhliadhna a chaidh seachad'. Fhuair an leabhran bàrdachd *Gràs/Grace* an dàrna àite ann an 'Duais Dhòmhnaill Meek' ann an 2019. Tha nobhail òigridh, *Moilidh agus Doilidh: Na Fuadaichean bho Shealladh nan Caorach*, a' feitheamh ri a foillseachadh.

Tha Maoilios air a bhith na bhàrd urramach aig Comann Gàidhlig Inbhir Nis bho 2012. Tha e na chompanach urramach den ASLS. Bha e air a chrùnadh mar bhàrd a' Chomuinn Ghàidhealaich ann an 2002.

Dòrlach Sìl
Sgeulachdan Sean agus Ùr

MAOILIOS CAIMBEUL

Luath Press Limited
DÙN ÈIDEANN

www.luath.co.uk

A' chiad chlò 2021

ISBN: 978-1-910022-74-0

Gach còir glèidhte. Tha còraichean an sgrìobhaiche mar ùghdar fo Achd Chòraichean, Dealbhachaidh agus Stèidh 1988 dearbhte.

Chuidich Comhairle nan Leabhraichean am foillsichear le cosgaisean an leabhair seo.

Tha am pàipear a chaidh a chleachdadh san leabhar seo dèante à stuthan seasmhach, nàdarra agus ath-nuadhachail a tha 100% ath-chuairtichte agus bith-chnàmhach agus saor bho chlòrain sa phròiseas pronnach-fiodha agus gealachaidh.

Air a chlò-bhualadh 's air a cheangal le
Robertson Printers, Farfar.

Air a chur ann an clò Sabon 10.5
le Main Point Books, Dùn Èideann.

© Maoilios Caimbeul 2021

Clàr-Innse

Buidheachas	9
Am Ministear 's am Mèirleach	11
Màireag 's an Coileach-Frangach	17
Borisina	25
Droch Latha aig Patch	31
'Anachronism'	35
Am Feòil-sheachnair	41
An Doras Seunmhor	47
An Clisgeadh	53
'Leig Leatha Losgadh'	59
An t-Aislingiche	65
Mar a Bhruidhneas Cuimhne	75
An Naidheachd bho Mhàrs	81
Ri Aghaidh na Creig	91
Aileas	99
An Claigeann aig Damien Hirst	105
An Tidsear agus na Fiaclan Fuadain	115
Baile Sgàil a' Bhàis	121
Caol-theàrnadh	131
Eadar a' Chlach 's an t-Iarann	139
Na Dèideagan	149
A' Cheist a bh' aig Ling	153

Dha Mairead agus mar chuimhneachan
air m' athair is mo mhàthair

Buidheachas

BU THOIGH LEAM taing mhòr a thoirt do luchd-obrach Comhairle nan Leabhraichean, Alison Lang, John Storey agus Màiri NicCumhais airson a' chuideachaidh a thug iad dhomh ann a bhith a' toirt an leabhair sa gu buil. Cuideachd, mo thaing dhan Chomhairle airson an Tabhartas Bharantais a thug dhomh cothrom sgeulachdan ùra a sgrìobhadh.

Mo thaing cuideachd do Ghavin MacDougall aig Luath Press airson ùidh a shealltainn anns an obair agus dhan neach-deasachaidh aca, Joan Nicdhòmhnaill airson a cuideachaidh, agus do Bheathag Mhoireasdan airson sùil a thoirt air an teacsa.

Nochd cuid de na sgeulachdan roimhe seo ann an irisean agus eile mar a leanas. *Na Dèideagan* agus *A' Cheist a bh' aig Ling* ann an *Northwords Now*; *Caol-theàrnadh* agus *An Tidsear agus na Fiaclan Fuadain* ann am *Mealladh*, Stòrlann Nàiseanta na Gàidhlig, 2013; *An Claigeann aig Damien Hirst* san leabhar leis an aon ainm, CLÀR, 2009; *Baile Sgàil a' Bhàis*, BBC Radio nan Gàidheal; *Ri Aghaidh na Creig* ann an *Cha Sgeul Rùin e*, Acair, 1995; *Aileas* agus *Eadar a' Chlach 's an t-Iarann* ann an *Steall 01 is 03*, CLÀR, 2016 is 2017.

Am Ministear 's am Mèirleach

BHA AN T-URR Bhaltair MacAnndrais na chabhaig agus ea' dèanamh air an trèana a bha a' fàgail Stèisean Waverley ann an deich mionaidean. 'S math gun robh bruthach a' dol sìos chun an stèisein. Sa mhadainn nuair a thàinig e à Inbhir Nis, bha aige ri dìreadh agus cha do chòrd e ris. Cha robh e a' fàs càil na b' òige 's cha robh am baga leathair làn phasganan pàipeir na chuideachadh sam bith. Bha latha trang air a bhith aige ann an aon de chomataidhean na h-eaglaise agus bha e a' coimhead air adhart ri fois fhaighinn air an trèana agus 's dòcha norrag cadail a dhèanamh.

Ach fhuair e briseadh-dùil. Bha an trèana a' cur thairis. Sa chiad charbad cha robh suidheachan air fhàgail 's bha aige ri bruthadh tron t-sluagh cho math 's a b' urrainn dha airson faighinn chun an dàrna carbaid. Cha robh gin falamh an sin nas mò. 'S ann nuair a thàinig e chun an treas carbaid a chunnaic e aon suidheachan falamh. Bha duine òg na shuidhe an sin, agus bha an t-àite-suidhe mu choinneamh falamh.

Thug e an aire gun robh an t-òganach ag òl leann. Gu h-àbhaisteach, bhiodh e air suidheachan eile a roghnachadh. Cha robh e ag iarraidh a bhith an lùib duine air am faodadh an deoch a bhith fad na slighe gu Inbhir Nis. Ach cha robh roghainn eile ann. Bha baga dubh air an t-suidheachan.

Dh'fhaighnich e den òganach an robh an suidheachan mu choinneamh falamh.

Thuirt an t-òganach gun robh. Thog e am baga aige agus chuir e suas os a chionn e agus shuidh e air ais san t-suidheachan agus ghabh e balgam den leann.

Nuair a fhuair e suidhe bha cothrom aige sùil a thoirt air an duine òg. Bha e tana agus bàn san aodann agus bha e a' coimhead caran nearbhasach, mar gun robh rudeigin a' dèanamh dragh dha. Bha blas Dhùn Èideann air a ghuth. Ma bha e a' smaoineachadh gum faigheadh e air norrag a dhèanamh, bha e fada ceàrr. Bha am fear òg seo ag iarraidh bruidhinn.

Chuir e iongnadh air gun tuirt e Rev ris. Dh'inns e dha gur h-ann a dh'Inbhir Nis a bha e a' dol. Cha robh e a' tuigsinn ciamar a bha fios aige gur e ministear a bh' ann gus na chuimhnich e gun robh ainm sgrìobhte air a' bhaga aige.

Thuirt e ris gun robh esan a' dol an sin cuideachd. Ann an dòigh thug e cofhurtachd dha gun robh an duine òg cho deònach bruidhinn ris, ged a b' e ministear a bh' ann. Bhiodh gu leòr dhaoine òga 's cha bhiodh iad ag iarraidh bruidhinn ri seann mhinistear, no ri duine sam bith. Mar a chunnaic esan iad, bhiodh iad gu math tric air na fònaichean-làimhe no ag èisteachd ri ceòl. Ach cha robh am fear òg seo. 'S ann a bha e ro dheònach bruidhinn. Cha robh stad a' dol air aon uair 's gun do dh'fhàg iad Waverley. Agus b' ann mu dheidhinn fhèin a bha an còmhradh. Cha robh nàire sam bith air innse mu dheidhinn a bheatha, ged ann am beachd an Urramaich MhicAnndrais, bu chòir gu dearbh nàire mhòr a bhith air. Ach 's dòcha gun robh an truaghan ag iarraidh a pheacaidhean aideachadh do chuideigin. 'S dòcha gun robh e a' smaoineachadh gun robh ministear coltach ri sagart – duine dham faodadh tu do pheacaidhean aideachadh.

Dh'inns e gur e Billy a b' ainm dha agus gur ann à Wester Hailes a bha e, sgìre ann an Dùn Èideann far an robh cuid den t-sluagh gu math bochd. Bha a mhàthair ag obair ann am bùth faisg air an togalach àrd anns an robh iad a' fuireach. Bha bràthair aige, Tim, a bha dìreach air an sgoil fhàgail. Nuair a bha e ro òg airson cuimhne bhith aige, bha athair air a mhàthair fhàgail. Cha bhiodh ise a' bruidhinn mu dheidhinn athar uair sam bith 's cha robh sìon a dh'fhios aige cò a b' athair dha no càit an robh e. Às dèidh an sgoil fhàgail, fhuair e obair bho àm gu àm le companaidh togail thaighean. Ach cha robh an obair cunbhalach agus bhiodh e uaireannan a' dol mìosan gun obair a bhith aige.

Bha òganaich eile anns an nàbaidheachd san aon shuidheachadh. Bhiodh iad a' coinneachadh air an oidhche agus ag òl agus a' gabhail dhrogaichean. Glè thric cha bhiodh sgillinn ruadh aca airson an dòigh-beatha aca a shàsachadh. B' e sin a thug e air an t-slighe chlaoin air an deachaidh e. Thòisich e fhèin agus a charaidean a' briseadh a-steach a thaighean, chan ann anns an sgìre bhochd aca fhèin, far nach biodh dad a b' fhiach a ghoid, ach anns na sgìrean a bu bheairtiche ann an Dùn Èideann, àiteachan mar Morningside agus Stockbridge. Bhiodh iad cuideachd a' goid à bùithtean.

Bha am ministear air uabhasachadh leis na bha e a' cluinntinn.

'Fuirich mionaid,' thuirt e ris an fhear a bh' air a bheulaibh, 'nach robh thu a' faicinn gun robh na bha thu a' dèanamh ceàrr?'

Thàinig stad air sruthtan an fhir òig. Choimhead e a-mach air an uinneig agus thug e sùil aithghearr air a' bhaga aige air an sgeilp os a chionn.

'Cha robh mi a' tuigsinn an uair sin, ach tha a-nis.' Bha a shùilean a' priobadaich gu nearbhasach.

Chòrd e ri Bhaltair gun robh e ag aideachadh gun robh na rinn e ceàrr. Ma bha duine ag aideachadh a pheacaidhean, bha an-còmhnaidh dòchas ann dhaibh, ged nach robh Billy a' coimhead uabhasach duilich airson na rinn e.

'Uèl, 's e toiseach toiseachaidh a tha sin, ma tha thu a' tuigsinn cho ceàrr 's a bha thu,' thuirt e, le beagan cruais na ghuth.

Cha do chuir na thuirt e no an cruas dragh sam bith air Billy. Chùm e air le sgeulachd a bheatha.

Chaidh breith air leis na Poilis uair is uair ach seach gun robh e cho òg aig an àm, cha d' fhuair e am prìosan an toiseach. A' chiad turas a thàinig na Poilis chun an taighe aige bha a mhàthair air a leamhachadh. Ged a bha i fhèin gu math bochd, cha do smaoinich i riamh air dad a ghoid. Bha i gu math fiadhaich ris agus 's iomadh argamaid a bh' aca. Ach dh'fheumadh e a' mhiann a bh' aige airson deoch agus drogaichean a shàsachadh agus cha do dh'èist e ri a mhàthair. Chùm e air a' goid agus mu dheireadh fhuair e binn prìosain ochd mìosan deug. Chaidh a chur gu Polmont, ionad airson daoine òga a bha a' briseadh an lagha, faisg air an Eaglais Bhric. Bha dìreach seachdain ann on a fhuair e ma sgaoil.

Bha an t-Urramach MacAnndrais a' coimhead air gu dùrachdach. Rinn e dragh dha èisteachd ris an truaghan a bha mu a choinneamh. Bu thoigh leis an gille a chuideachadh, ach ciamar?

'Carson a tha thu air an trèana seo?' thuirt e. 'Nach biodh e na b' fheàrr dhut a bhith aig an taigh còmhla ri do mhàthair agus do bhràthair?'

Choimhead an t-òganach air le drèin. Ghabh e balgam den leann. 'Chan eil i gam iarraidh, sin carson a tha mi a' dol a dh'Inbhir Nis. Tha caraid agam ann, faodaidh mi fuireach còmhla ris-san.'

'Chan eil do mhàthair gad iarraidh?'

'Chan eil, tha i gu math fiadhaich rium. Chuir i a-mach às an taigh mi.'

'Nach b' urrainn dhut a ràdh rithe gu bheil thu duilich agus nach goid thu dad gu bràth tuilleadh?'

Dh'aom Billy a shùilean. Bha e a' coimhead dubhach. 'Cha chreideadh i mi,' thuirt e le cinnt dheireannach na ghuth.

Bu thoigh leis a bhith air comhairle a thoirt dhan òganach seo, ach cha robh e ro chinnteach dè a' chomhairle a b' urrainn dha a thoirt dha. Cha b' e comhairleach òigridh a bh' ann. Cha tàinig e tarsainn air suidheachadh mar seo a-riamh. Smaoinich e air a' choitheanal aige ann an Inbhir Nis. A' chuid bu mhotha dhiubh, bha iad os cionn deich air fhichead agus an fheadhainn nach robh, bha iad gu math rianail modhail. Cha robh eucorach nam measg.

Cuideachd, bha e a' tuigsinn carson nach creideadh a mhàthair e. A rèir choltais, bha an gille air a bhith ris an olc airson ùine fhada. Aon uair 's gun cailleadh duine earbsa ann an duine, ged a b' e eadhon a mac a bh' ann, bha e doirbh fhaighinn air ais. Bha e follaiseach gur e teaghlach bochd dham buineadh e agus aon uair 's gun tòisicheadh cearcall na bochdainn 's nan drogaichean bha e doirbh faighinn air falbh bhuaithe. Ach an e ruith air falbh gu baile eile an nì a b' fheumaile?

'Agus dè a nì thu ann an Inbhir Nis?' A bheil obair agad?'

Chrath Billy a ghuailnean. 'Chan eil, ach 's dòcha gum faigh mi obair.'

Uèl, smaoinich an t-Urr MacAnndrais, ma gheibh e obair nì e nas fheàrr na mòran. Cha robh na h-obraichean ach gann. Bha an t-òganach air dà chana leanna òl. 'S dòcha gun robh sin a' toirt misneachd dha, no ga fhàgail coma co-dhiù. Dh'fhàg e na canaichean falamh air a' bhòrd agus chaidh e dhan taigh bheag. Nuair a bha e air falbh, thug am ministear an aire gun robh an loidhne fhiosrachaidh os cionn an dorais ag ràdh gur e Peairt an ath stad aca. Cha bhiodh e fada gus an ruigeadh iad.

Nuair a ghabh Billy àite a-rithist mu a choinneamh, dh'fhosgail e cana eile. Gu h-iongantach, bha an gille sàmhach airson greis. Thug e a-mach fòn-làimhe 's bha e ag obair leatha. Bha sin ga chumail gun dùrd a ràdh. Fhad 's a bha sin a' tachairt, bha an t-Urr MacAnndrais a' feuchainn ri smaoineachadh air dòigh anns am b' urrainn dha an t-òganach a chuideachadh. Nach e bha gòrach nach do smaoinich e air roimhe. An deagh sgeul aoibhneach. Nach e sin an t-adhbhar a thàinig an Slànaighear dhan t-saoghal seo airson daoine mar seo a chuideachadh. 'S dòcha gum faigheadh e cothrom mus ruigeadh iad Inbhir Nis an soisgeul a mhìneachadh dha. 'S dòcha gun deachaidh a chur anns an dearbh shuidheachan seo airson sin a dhèanamh.

Thòisich daoine a' faighinn deiseil airson tighinn den trèana. Bha iad a' tighinn faisg air Peairt.

'Peairt,' thuirt e ris a' ghille, 'tha sinn gu bhith aig Peairt.'

Ghnog am fear eile a cheann.

Stad an trèana aig an stèisean agus thaom daoine a-mach agus a-steach. Thug am ministear an aire gun robh am fear òg clisgeach. Bha sùil dhian aige air an trannsa mar gum biodh e a' coimhead airson cuideigin. Agus bha adhbhar aige. Stad dithis fhear aig a' bhòrd agus choimhead iad gu dian air an òganach. Thug an dithis aca cairtean a-mach à pòcaidean an còtaichean agus smèid iad iad mu choinneamh an fhir òig.

'Oifigearan Poilis,' thuirt am fear bu mhotha. 'Tha sinn a' creidsinn gur tusa Billy Young à Wester Hailles.'

'Mise Graham Dodds,' arsa Billy.

'Chan eil mi a' smaoineachadh gur tu, thoir dhomh am fòn agad,' thuirt an t-oifigear.

Bha am fòn na laighe air a' bhòrd. Cha robh dad ann a b' urrainn dha a dhèanamh. Bha fios aige gun robh e glacte. Dh'aidich e gur e esan Billy Young.

'Seall dhuinn do chas,' thuirt an t-oifigear. 'Bu chòir tag a bhith air.'

Sheall e a chas dhaibh ach cha robh tag no tag air a chas. Dh'innseadh an tag dha na Poilis ma bha e air an taigh fhàgail. Bha aige ri aideachadh gun robh e air an tag a ghearradh dheth agus gun robh e aig an taigh ann an Dùn Èideann.

Sheall iad an taobh a bha an t-Urr MacAnndrais. Chitheadh iad gun robh e air uabhasachadh leis na bha a' tachairt. 'Tha sinn duilich dragh a chur oirbh,' thuirt am poileasman mòr. 'Bha sinn a' lorg an fhir seo, fhuair sinn fios gun robh e air an trèana. Cha robh e a' cur dragh oirbh, an robh?'

'Ò, cha robh idir, bha e ag innse mu dheidhinn fhèin. Tha mi duilich gu bheil e ann an staing.'

'Staing mhòr, tha eagal orm.'

Chuir e aire air a' ghille. Thug iad air am baga aige a chur air a' bhòrd. Dh'fhosgail e siop a' bhaga. Bha e làn de stuth a chaidh a ghoid – uaireadairean, fònaichean-làimhe, seudraidh òir agus airgid agus diofar òrnaidean.

Bha beul a' mhinisteir fosgailte. Cha mhòr gum b' urrainn dha a chreidsinn na bha e a' faicinn. Bha an t-òganach a' coimhead ciontach, mar a bu chòir dha a bhith, agus a' seachnadh coimhead air gu dìreach. Bha e leamh, cha robh cothrom gu bhith aige bruidhinn ris mu anam. Thug na Poilis rabhadh dha agus chuir iad glas-làimhe air, ach mus do dh'fhalbh iad leis, thug e Bìoball às a bhaga, an t-aon Bhìoball a bh' aige leis agus a bhiodh an-còmhnaidh aige nuair a bhiodh e a' dol air turas.

Shìn e dha Billy e. 'Leugh seo nuair a bhios tu anns a' phrìosan, 's dòcha gun dèan e feum dhut.'

Bha e smaoineachadh an toiseach gun robh e a' dol ga dhiùltadh, mar nach robh e a' tuigsinn dè bha a' tachairt, ach mu dheireadh ghabh e e.

'Tapadh leibh,' thuirt e, mar a bha iad a' dealachadh, 'tha mi duilich.'

Choimhead e às a dhèidh agus iad a' coiseachd leis sìos àrd-ùrlar an stèisein agus am Bìoball aige na làimh.

Màireag 's an Coileach-Frangach

'DIUG, DIUG, DIUG!' arsa Màireag, agus i aig doras an taighe.

Thàinig Calum, an coileach-Frangach na ruith thuice a-mach às an t-seada. 'S e eun brèagha geal a bh' ann le amhaich chaol, fhada, agus bha e gu math càirdeil. On an latha a fhuair iad e anns an t-Sultain, bha piseach math air tighinn air. Bha sin o chionn còrr is dà mhìos. Cha b' fhada gus am biodh e deiseil airson dìnnear na Nollaige.

Thilg i sìol dha air an talamh agus ghabh e thuige le deòin.

Chuimhnich i mar a fhuair iad Calum, mar a thàinig Rob dhachaigh aon latha san t-Sultain agus fiamh dìomhair air aodann.

'Tha rudeigin agam sa phick-up,' thuirt e na dhòigh shomalta fhèin.

'Ò, dè tha sin?' ars ise.

'Trobhad is faic.'

Bha amharas aice gur e rudeigin beò a bhiodh ann, leis mar a bha Rob cho dèidheil air beathaichean. Ma bha creutair eile aige, dheigheadh e còmhla ris na caoraich, an crodh, na cearcan, na tunnagan, agus na geòidh a bh' aca mu thràth. Bha cèidse ann an cùl a' phick-up le eun na bhroinn.

'Dè fo shealbh a tha sin?'

Cha robh i riamh air coileach-Frangach fhaicinn beò le itean air, ged a bha i air gu leòr fhaicinn sna bùithtean-mòra, iad lom anns na reòthadairean deiseil airson a bhith air an ithe aig àm Nollaige. Bha Rob air a bhith air falbh ann an Sasainn a' tadhal air a bhràthair agus air an t-slighe air ais chaidh e seachad air tuathanas chearcan-Frangach. Bha e a' smaoineachadh gum biodh e math eun òg fhaighinn.

''S e coileach-Frangach a th' ann. Ma bhiadhas sinn gu math e, bidh e deiseil airson na Nollaig.'

'Coileach-Frangach,' thuirt i fo a h-anail. Dè an ath rud leis an tig e dhachaigh, smaoinich i, ach cha tuirt i an còrr. Ma bha e coltach ris na cearcan agus na tunnagan, cha bhiodh cus dragh ann.

Ach cha b' fhada gus an d' fhuair i a-mach nach robh e coltach ris na h-eòin eile idir. Uair sam bith a nochdadh i san doras, thigeadh an coileach na ruith a-nall thuice. Dh'fhàs e gu math càirdeil agus leigeadh e leatha a pheatadh. B' ann na bu choltaiche ri peata a bha e a' fàs agus mu dheireadh thug i dha Calum mar ainm. Nuair a dh'èigheadh i ainm thigeadh e na ruith, ge air bith càit am biodh e.

Mar a b' fhaisge air an Nollaig a thàinig e, 's ann a bu mhotha agus a bu chàirdeile a dh'fhàs Calum agus 's ann bu dhèidheile a dh'fhàs i air. Bha e uaireannan a' coimhead gu math eireachdail nuair a thaisbeanadh e na h-itean earbaill aige ann an cumadh gaotharain agus a thigeadh rubha dearg air amhaich fhada chaol. B' ann an uair sin, nuair a chitheadh i cho brèagha 's a bha e, a dh'fhàsadh i tais-chridheach agus a chanadh i rithe fhèin gum feumadh iad Calum a chumail, an Nollaig ann no às.

Aon latha aig toiseach na Dùbhlachd thuirt i ri Rob agus iad nan suidhe aig am biadh, 'Chan eil mi a' smaoineachadh gun urrainn dhuinn...'

Thug Rob sùil fheòrachail oirre. Bhiodh a bhean uaireannan ga fhàgail beagan frionasach leis na dubh-fhacail a bhiodh a' tighinn aiste.

'Cò air a tha thu a-mach?'

Bha i sàmhach airson mionaid agus i neo-chinnteach dè a chanadh i. Mu dheireadh thàinig i a-mach leis, 'Chan eil mi cinnteach an urrainn dhuinn Calum a mharbhadh airson na Nollaig'. Tha e cho tapaidh, brèagha agus... cho càirdeil.'

Chuir na thuirt a bhean iongnadh mòr air an duine aice. Bha esan cleachdte ri bhith a' marbhadh bheathaichean airson biadh. Nach ann airson sin a bha beathaichean aca? Nach robh an leabhar math fhèin ag ràdh gun robh uachdaranachd aig mac an duine air a h-uile beathach.

Dh'fhàs gruaidhean Rob eadhon na bu ruitiche nan àbhaist. 'Dè tha thu a' ciallachadh? Nach ann airson ithe a fhuair sinn e?'

'Tha fhios a'm, ach chan eil e coltach ris na h-eòin eile, tha e cho snog 's cho càirdeil.'

'Càirdeil? Chan eil ann ach eun.'

'Eun sònraichte.'

'Bidh e gu math blasta, tha mi cinnteach.'

Bha iad nan suidhe gu sàmhach às dèidh sin. Roghnaich i gun an còrr a ràdh mun chuspair. Dè a b' urrainn dhi a ràdh. Cha bhiodh dad a chanadh i gu mòran feum. Bha Rob air a bhith na chroitear fad a bheatha agus cha robh maoth-fhaireachdainn ghòrach sam bith aige do bheathaichean. Gun teagamh sam bith, bhiodh e a' dèanamh fiughair ri blasad fhaighinn de Chalum nuair a thigeadh An Nollaig. Ach thuirt ise iomadh uair ri Calum nach itheadh ise pioc dheth, ged a mharbhadh an duine aice e.

Chaidh na làithean seachad 's bha An Nollaig a' tighinn na bu dlùithe. Gu fortanach, cha robh fios aig Calum bochd dè bha a' feitheamh ris. Dà latha ron Nollaig, bha i air an rathad a-mach a' dol a thoirt sìol dha. Choinnich i ri Rob agus e air tighinn bhon t-seada agus an coileach aige na uchd.

'Dè tha thu a' dèanamh?' thuirt i gu h-iomagaineach.

'Tha mi dol a chur car na amhaich. Nach bi sinn ga ithe a dh'aithghearr airson ar biadh Nollaig'?'

'Cha dèan thu sin idir, tha dòigh nas fheàrr agamsa air a mharbhadh,' thuirt i agus deòir na sùilean.

'Dè tha sin?' thuirt e, a' coimhead oirre gu feòrachail.

'Gheibh thu a-mach,' thuirt i gu dìomhair agus ghabh i grèim air Calum.

Bha i air a bhith a' smaoineachadh airson greis mu dheidhinn, nam biodh Rob a' dol a mharbhadh a' choilich, dè b' urrainn dhi a dhèanamh? Tha fhios gun robh dòigh na b' fheàrr ann na car a chur na amhaich, dòigh far nach fhairicheadh Calum bochd pian. Bha i fhèin air a bhith cho duilich mu dheidhinn Chaluim 's gun robh trom-inntinn air tighinn oirre 's bha aice ri dhol dhan dotair. Bha eagal oirre gum biodh an dotair a' magadh oirre ach 's i nach robh. 'S ann a bha co-fhaireachdainn aice rithe nuair a chuala i an sgeulachd. Thug i dhi pilichean agus thuirt i, 'Tha còir aca seo do chuideachadh gus am bi an Nollaig seachad, ach na gabh cus dhiubh, cuiridh iad nad chadal thu.'

Dìreach an dearbh rud, smaoinich i, airson bàs socair a thoirt dha Calum. Fhuair i soitheach agus mheasgaich i dòrlach math den Diazepam còmhla ris a' bhiadh a b' fheàrr leis. Chuir i am biadh sìos air an talamh aig a' phoirdse agus thàinig Calum na ruith ga h-ionnsaigh mar a b' àbhaist. Bha i a' faireachdainn brònach agus ciontach, ach chofhurtaich i i fhèin a' smaoineachadh gun robh i a' sàbhaladh a' choilich bho bhàs piantail. Bha fios aice nach robh dad ann a chanadh ise a chumadh Rob gun an coileach bochd a mharbhadh.

Dh'ith Calum a bhiadh agus na pilichean cuideachd. Cha b' fhada gus an robh e na shìneadh na chlosaich air an talamh.

'A bheil thu a' smaoineachadh gu bheil e marbh?' thuirt Rob.

'Cho marbh ri sgadan,' ars ise.

Thug i a-staigh dhan chidsin e agus chuir i e na laighe air cunntair an t-sinc. Bha fios aice mar a dhèiligeadh i ri eun mar seo. Dh'fheumadh i na h-itean uile a spìonadh agus an uair sin am mionach a thoirt às. Às dèidh sin dhèanadh i stuffing agus lìonadh i a bhroinn leis. Seach gur e eun car mòr a bh' ann, bheireadh e mu thrì uairean a thìde ga ròstadh anns an àmhainn. Choimhead i sìos air Calum na laighe rag, marbh air a' chunntair agus chuir e sgreamh oirre a' smaoineachadh air an obair olc a bha roimhpe. Calum a bha air a bhith cho dìleas, a' tighinn chun an dorais nuair a dh'èigheadh i air, a-nise na laighe na chlosaich gun smid.

'Fàgaidh mi e gus a-màireach,' thuirt i.

'Glè mhath,' thuirt Rob, 'tha tìde gu leòr ann, chan eil An Nollaig ann gu Diardaoin.'

Bha ise sàmhach.

Cha robh e a' tuigsinn ro mhath dè bha ceàrr air a' bhean, ach bha e a' tuigsinn gun robh rudeigin ceàrr agus i a' coimhead cho tùrsach. Cha bu mhath leis gum biodh argamaid ann, gu h-àraidh agus An Nollaig cho faisg.

Chuir i an t-eun anns a' phreasa mhòr agus rinn i poit tì. Shuidh iad ris an teine a' meòrachadh air na thachair. Bha iad air a bhith pòsta còrr is leth-cheud bliadhna agus cha robh i riamh air a bhith cho muladach, ach nuair a bhàsaich a h-athair. Ged nach robh clann aca, bha e mar gun robh i air leanabh a chall. Agus 's e i fhèin a bha air an leanabh a mharbhadh.

'Bidh e gu math blasta,' thuirt e agus e a' feuchainn ri a cofhurtachadh, 'fada nas fheàrr na cearc.'

Thug i balgam às a' chupa, ach cha tuirt i guth. Bha i a' smaoineachadh air an obair oillteil a bha roimhpe a-màireach, ga spìonadh, a' toirt às a mhionach, ga lìonadh le stuffing, ga ròstadh agus an uair sin ga ithe. Ag ithe Chaluim! Thug an smuain òrrais oirre.

'An e dad a tha ceàrr?'

'Chan eil dad ceàrr, tha mi ceart gu leòr.' Bha fios aice ged a dh'innseadh i dha nach tuigeadh e.

An oidhche sin chaidh iad dhan leabaidh mar a b' àbhaist, ach b' ann luaisgeanach a bha a cadal. Bha a smaointean air an eucoir a rinn i agus an obair a bha roimhpe. Chuir an srann a bha a' tighinn bhuaithe fhèin na cuimhne nach robh dad dhe na smaointean a bha ga sàrachadh a' dèanamh dragh dhàsan. Bha uairean beaga na maidne ann, agus i fhathast na dùisg, nuair a chuala i am fuaim neònach. Dh'èist i airson greis, ach bha e a' cumail air. Mu dheireadh thug i put dha Rob. Dhùisg e gu gearanach 's e a' meabadaich fhathast na leth-chadal.

'Dè tha ceàrr?'

'A bheil thu a' cluinntinn an fhuaim?'

Bha e ga chluinntinn. Chaidh an dithis a dh'fhaicinn dè bh' ann. Bha e mar gum biodh e a' tighinn bhon chidsin. Gu dearbh bha, agus bhon phreasa. Nuair a dh'fhosgail iad am preasa, leum Calum a-mach agus e cho beò ri easag.

'Glòir do Dhia,' ghlaodh Màireag.

Choimhead Rob oirre mar gun robh i às a ciall.

'Fuirich thusa 's gheibh mi grèim air an donas 's cuiridh mi car na amhaich.'

'S tu nach cuir, no cuiridh mi car na d' amhaich-sa,' ghlaodh i.

Choimhead e oirre le mòr-iongnadh. Bha e follaiseach gun robh a bhean air a dhol às a ciall.

'Dè nì sinn airson dìnnear Nollaig'?' thuirt e agus èiginn na ghuth.

'Nì cearc an gnothaich, ach cha mharbh thu Calum.'

Ghabh i grèim air a' choileach agus e a' gàgail mar gum biodh a bheatha ann an cunnart. Chuir e iongnadh air an duine aice gun robh i cho fiadhaich, smachdail agus cho cinnteach aiste fhèin, agus i a' dìon a' choilich mar gum b' e leanabh a bh' ann. Boireannach a bha air a bhith a-riamh cho socair umhail. Tè nach do thog corrag ris a-riamh. A-nise, bha i na seasamh mu choinneamh mar Amazon a bha deiseil airson na sùilean a thoirt às.

'Ceart,' thuirt e ann an guth fann agus e na sheasamh na aodach-oidhche, 'nì cearc an gnothach.'

Borisina

BHA I A' SLÌOBADH Hopper, an t-Afghan, le aon làmh agus a làmh eile air a mionach fhèin, a bha air fàs cho mòr.

'Am bi e ann ron Regatta, a bheil thu smaoineachadh?' arsa Alan, an duine aice. Bha e na shuidhe air sèithear spaideil, pìos bhuaipe, agus drama aige na dhòrn.

'"È"! Ciamar tha fhios agad gur e "è" a bhios ann?'

'Tha thu ceart, chan eil fhios againn, dh'fhaodadh gur e "ì" a bhios ann.'

Bha iad air aontachadh gum b' fheàrr leotha gun fhios a bhith aca dè an gnè a bhiodh sa leanabh gus an tachradh e. Bha an t-àm sin a' dlùthachadh. Mìos eile agus bhiodh fios aca.

Bha i a' faireachdainn gluasad briosg na mionach. Rinn i gàire, 'Dh'fhaodadh e no i a bhith ann aig an aon àm ris an Regatta.'

Ghabh e balgam bhon ghlainne. 'Deireadh na mìos.'

'S e gnothach mòr a bh' anns an Henley Royal Regatta. Bhiodh iad a' dol ann a h-uile bliadhna. Cha robh e fada bhon dachaigh aca ann an Henley-on-Thames. Ach am-bliadhna bha dùil aig Kate ri leanabh, a' chiad leanabh aca, agus cha robh dùil aca gum biodh e comasach dhaibh a dhol ann.

Bha tòrr a' tachairt nam beatha, eadar an obair aigesan ann an Lunnainn aig Lloyds agus an gnothachas aicese bhon taigh, Henley Dog Grooming. Cha robh mòran tìde aca airson cur-seachad no dad eile.

Bha an telebhisean air. Ghabh e grèim air an remote agus chuir e dheth i.

'Poilitigs. Tha mi duilich, chan eil mi ag iarraidh an còrr a chluinntinn,' thuirt e 's e caran frionasach.

Bha an taghadh pàrlamaid airson 2001 seachad. Bha na Làbaraich fo stiùir Thònaidh Blair air a' chùis a dhèanamh air na Tòraidhean a-rithist, an turas seo le còrr agus ceud de mhòr-chuid. Bha an dithis aca a' faireachdainn leamh.

Rinn i gàire. 'Na gabh dragh, cha do rinn iad a' chùis ann an Henley. Tha ball-pàrlamaid math againne.'

Rinn e snodha-gàire air ais. 'Tha thu ceart, tha mi uabhasach dòchasach mu dheidhinn Boris. Bidh e na phrìomhaire aon latha tha mi cinnteach.'

'Tha e comasach, agus làn spòrs cuideachd,' dh'aontaich i. Bha a làmh air ceann Hopper agus i ga shlìobadh.

Ghabh e drùdhag bheag den uisge-bheatha. Thàinig e a-nall chun an t-sòfa ri a taobh.

'Cuir do làmh air mo mhionach,' thuirt i, 'fairichidh tu an gluasad, nach fhairich?'

Rinn e mar a thuirt i. Bha gluasad ann ceart gu leòr.

'Ach trobhad ort, a ghràidh, dè an t-ainm a tha sinn a' dol a thoirt air no oirre?'

Gu ruige sin, cha robh iad air mòran smaoineachaidh a dhèanamh mu dheidhinn ainm.

'Boris, thuirt e gun dàil, dè mu dheidhinn Boris, solas ann am meadhan an dorchadais.'

Smaoinich i gur e ainm math a bhiodh ann. Dh'fheuch i ri smaoineachadh air cò ris a bhiodh e coltach nam biodh gille aice, cò ris a bhiodh e coltach ag ràdh Boris ris. Chan e ainm cumanta a bh' ann. An e clach a bhiodh ann mu amhaich? Ach bha fios aice gun robh meas mòr aig an duine aice air Boris, am ball-pàrlamaid aca. Bha e cho math air bruidhinn, beothail, làn spòrs agus bha e gu mòr air taobh a h-uile càil anns an robh iad fhèin a' creidsinn. 'S e aon dhiubh fhèin a bh' ann.

Gu tric nuair a bhiodh Alan air falbh fad an latha aig obair sa bhaile-mhòr bhiodh i a' coimhead a-mach air a' ghàrradh mhòr fharsaing aca. Agus seachad air sin an Thames a' ruith cho ciùin.

Corra bhàta a' seòladh le siùil gheala oirre. Bha i cho fortanach gun do phòs i duine beartach agus gun robh i a' fuireach ann an àite cho brèagha. 'S e daoine mar Bhoris a dhèanadh cinnteach gum fuiricheadh cùisean mar a bha iad 's gum faigheadh am pàrtaidh acasan air ais aon latha brèagha.

'Boris,' thuirt i, 'bhiodh sin math ach dè mas e nighean a bhios ann?'

'Borisina,' thuirt e gun teabadh sam bith.

Sheall i air le beagan de dh'uabhas. 'Borisina, dè seòrsa ainm a tha sin?'

Rinn e gàire. Chuir e na cuimhne gur ann à Eilean Leòdhais a bha a shinn-seanair – na McClouds, mar a bha iadsan ga litreachadh – agus gur e Georgina an t-ainm a bha air a bhean. Bha e cumanta gu leòr, mhìnich e, a bhith a' cur '-ina' aig deireadh ainm airson a dhèanamh boireannta. Nach robh ainmean ann mar Ailigina agus Neilina.

Bha gruaim bheag oirre a' smaoineachadh mu dheidhinn. An creutair beag a bha na broinn, nam b' ann boireann a bhiodh i, cò ris a bhiodh e coltach ag ràdh Borisina rithe – Borisina McCloud. Thuirt i e uair no dhà rithe fhèin. 'S dòcha gum fàsadh i cleachdte ris.

'Borisina, chan eil mi cinnteach,' thuirt i mu dheireadh, 'leig dhomh smaoineachadh mu dheidhinn.'

Ghabh e an deur mu dheireadh às a' ghlainne agus thug e pòg dhi air a gruaidh. Ann an guth socair thuirt e, 'Ma smaoinicheas tu air ainm nas fheàrr, tha tìde gu leòr ann.'

Ach cha robh mòran tìde ann. Rugadh an leanabh san t-seachdain ron Regatta. Thòisich a saothair nas tràithe na bha dùil. Bha Alan air falbh aig obair agus bha aig Masiko, an t-searbhant aca, ri ambaileans a ghairm. Chaidh a toirt dhan ospadal ionadail, Townlands Memorial Hospital, agus 's ann an sin a rugadh nighean bheag bhòidheach le gruag de fhalt bàn air an tug iad Borisina. Thàinig Alan dhachaigh ann an cabhaig à Lunnainn ach bha i air a breith mus do ràinig e.

Rinn e gàire nuair a chunnaic e a falt. 'Tha i dìreach coltach ris fhèin. Ah, Borisina, tha thu cho brèagha.'

Rinn na nursaichean gàire fhalachaidh. 'S e duine mòr san àite a bh' ann an Alan McCloud. Cha robh iad ag iarraidh gum biodh e a' smaoineachadh gur ann a' magadh a bha iad.

Rinn i snodha-gàire fhann air ais ris. Agus ris a' bhad fhlùraichean pinc is geal a bha aige dhi na làimh. Bha iad freagarrach smaoinich i airson nighean. Mar gum biodh fios aige.

Bha an latha ud na latha mòr nan cuimhne airson iomadh bliadhna. Dh'fhàs Borisina suas gu bhith na nighean ghlic le falt fada bàn. Cha robh mòran san sgoil aice cho tuigseach rithe. 'S ann nuair a bha i na deugaire a thòisich a pàrantan a' gabhail dragh mu a deidhinn.

Aon latha nuair a bha i trì-deug thàinig i dhachaigh às an sgoil agus thuirt i ri a màthair, 'Tha mi ag atharrachadh m' ainm.'

Bha a màthair sa chidsin a' dèanamh cèice dhi. 'S e co-là-breith Borisina a bh' ann. Thuit an tiona a bh' aice a-mach às a làimh. Rinn e gliong air an làr. 'Dè tha thu ciallachadh, a thasgaidh?'

'Cha toigh leam m' ainm. Tha a h-uile duine a' magadh orm.'

Bha a màthair sàmhach airson mionaid. Chuimhnich i gun robh i fhèin air a bhith mì-chinnteach mun ainm. Ceart gu leòr, bha e caran neònach airson nighean bhrèagha Shasannach.

'A' magadh? Dè tha iad ag ràdh riut?'

'Rudan mar, 'Keep swinging darling'.'

Chuimhnich i mar a bha Boris o chionn dà bhliadhna air ais aig na h-Olympics agus e crochaichte air ròpa os cionn an t-sluaigh. Bha i a' smaoineachadh gun robh e a' coimhead rudeigin gòrach aig an àm. Gu h-aithghearr bha i a' faireachdainn duilich airson na h-ighne aice. Ghabh i na gàirdeanan i, 'O, tha mi duilich a thasgaidh.'

Bha sùilean Borisina a' lìonadh le deòir. 'B' fheàrr leam ainm sam bith seach Borisina.'

Sheall a màthair oirre 's i beagan draghail. 'Agus… dè an t-ainm…?'

'Dìreach Ina.'
'Ina,' tha sin snog, ach chan eil fhios a'm dè chanas d' athair.'
'Tha mi coma. 'S beag orm an t-ainm Borisina.'

'S ann mar sin a chrìochnaich an còmhradh. Bha e follaiseach dha a màthair gun robh an nighean aca làidir na beachdan. 'S e call a th' ann gun tug sinn Borisina oirre, smaoinich i, tha e air cron a dhèanamh oirre.

Ach b' ann nas miosa a dh'fhàs an cron. Mar a dh'fhàs Ina suas – oir b' e sin a bh' oirre a-nise – ghabh i ùidh ann am poilitigs. Rinn i eachdraidh agus poilitigs mar chuspair aig àrd-ìre anns an sgoil. Thug iad an aire gun robh i a' claonadh chun na làimhe clìthe. Bha i a' gabhail ùidh mhòr ann an suidheachadh nam bochd, mar a bha iadsan a' cur thairis le beairteas agus daoine eil a' bàsachadh leis an acras.

'Na gabh dragh,' chanadh Kate ris an duine aice, 'fàsaidh i a-mach às. Chan eil ann ach stèids a tha i a' dol troimhe.'

'Hm, chan eil mi cho cinnteach, tha i cho fada na beachd.'

'Na bi ro chruaidh oirre. Nuair a thèid i dhan oilthigh coinnichidh i ri daoine mar sinn fhìn.'

Ghabh e balgam den uisge-bheatha. 'Chì sinn.'

Chaidh na bliadhnaichean seachad agus bha Ina air a dhol gu Oilthigh Oxford, far an do rinn i ceum ann an Eachdraidh agus Poilitigs. Aon de na ciad rudan a rinn i nuair a chaidh i dhan Oilthigh 's e ballrachd a ghabhail san OULC (Oxford University Labour Club). Bha sin a' dol gu mòr a rèir a càil. Bhiodh deasbadan ann mu phoilitigs agus bhiodh i a' gabhail pàirt. Choinnich i ri fear Howard Onslow à Liverpool agus thuit iad gu mòr ann an gaol. Bha iad a' fuireach ann am flat còmhla ri chèile. Bhiodh iad a' dol gu cruinneachaidhean sràide an aghaidh poileasaidhean an riaghaltais mar Brexit. 'S e Jeremy Corbyn an gaisgeach mòr a bh' aca.

Airson argamaidean a sheachnadh, sguir i a dhol dhachaigh ach fìor chorra uair. Bha a pàrantan air a dhol craicte nuair a chunnaic iad an t-slighe air an robh i.

Aon latha dh'fhòn i a màthair air a fòn-làimhe agus thuirt i gun robh dùil aice ri leanabh. Bha i air sgan fhaighinn. A rèir choltais 's e nighean a bh' innte.

Ghabh a màthair anail mhòr. 'Agus dè an t-ainm a tha sibh a' toirt oirre?'

'Tha Jeremina.'

Cha chuala Ina ach glugadaich mar gum biodh a màthair a' gal.

Agus chaidh am fòn dheth.

Droch Latha aig Patch

RINN SEONAIDH, 'AN Caiptean', mar a bh' aca air, cinnteach gun robh an iall aige. Dh'fheumadh e Patch a cheangal ris an rèile taobh a-muigh na bùtha. A h-uile Disathairne bhiodh e a' dol a bhùth Tesco, a bha còig mìle air falbh aig oir a' bhaile, agus an-còmhnaidh a' toirt Patch leis.

'S e Patch an aon chompanach a bh' aige on a chaochail Mòrag, a bhean, trì bliadhna air ais. Thug e sùil air dealbh dhith air sgeilp ri taobh an teine còmhla ri dealbhan de an triùir chloinne agus an cuid oghaichean. H-abair treud àlainn. Ach sna làithean seo, agus e air a dhreuchd aig muir a leigeil seachad, 's e an aon treud a bha timcheall air na caoraich dhubh-cheannach a bha ann am pàirc ri taobh an taighe. Bha Patch gu math feumail airson smachd a chumail orra. Cù cho glic, umhail cha robh anns an sgìre. Fhuair e ainm seach gun robh pìos geal cruinn air a bhroilleach.

Dh'fhosgail e doras na bhana. 'Siuthad, leum a-staigh.' Agus siud Patch gun strì sam bith na shuidhe san àite àbhaisteach ri taobh a mhaighstir.

Nuair a ràinig e a' bhùth, chuir e Patch air an iall. Bha latha teth ann 's cha robh e ag iarraidh fhàgail ga bhruich fhèin sa bhan. Cheangail e ris an rèile e. Bha aon chù eile ann, poodle geal caran annasach le ball cruinn air bàrr earbaill. Chrath iad an earbaill ri chèile. Bha e sàsaichte gum biodh Patch ceart gu leòr gus an tilleadh e.

Mun àm a bha An Caiptean a' dol a-steach dhan bhùth bha Mike a' fàgail an taighe aigesan anns a' bhaile. 'Cha bhi mi fada,' dh'èigh e ri a bhean Dilys, a bha ag obair san stiùidio aice. 'Tha mi a' dol a dh'fhaighinn bainne ann an Tesco.'

Chuir e Tafaidh an cù dubh aige air an iall agus thug e a-mach chun a' chàir e. 'S e cù car frionasach a bh' ann agus chuir e dhan chèidse a bh' aige ann an cùl a' chàir, e. Cha bu toigh leis an teas agus thòisich e a' comhartaich.

Nuair a ràinig e a' bhùth cheangail e Tafaidh ris an rèile. 'Bi modhail' thuirt e ann an guth cruaidh.

Cha robh aig Tafaidh ri feitheamh fada. Fhuair e am bainne agus chuir e an cù sa chèidse. Bha e a' dol às a chiall. 'Sguir a chomhartaich,' dh'àithn e, ach ma dh'àithn 's ann bu mhiosa a bha e a' comhartaich.

Cha robh Tafaidh ach òg – dà bhliadhna – 's bha e gu math riaslach agus doirbh smachd fhaighinn air. B' fheàrr leam, smaoinich Mike, gun robh cù socair agam. Cuiridh an cù seo às mo chiall mi.

Thàinig An Caiptean a-mach às a' bhùth. Bha e air a bhith a' bruidhinn ri caraidean, agus na b' fhaide na bha dùil aige a bhiodh e. Ach bha Patch an siud fhathast agus a' comhartaich – rud a chuir iongnadh air. Thug e chun a' chàir e agus dh'fhosgail e an doras dha. Cha do leum e a-steach mar a b' àbhaist dha agus bha aige ri a phutadh a-steach. Air an rathad dhachaigh bha e riaslach.

'Bi stòlda,' thuirt e ris, ach ma thuirt cha do rinn e feum sam bith.

Bha e toilichte an taigh a ruighinn agus a leigeil a-mach às a' chàr. Ach ma leig 's ann an uair sin a bha am buaireadh ann. Chunnaic Patch na caoraich sa phàirc agus chaidh e mar donas às an dèidh.

'Patch, thig air ais an seo!' dh'èigh An Caiptean le glaodh a chluinneadh tu ann an Hiort.

Ach cha do dh'èist Patch. Ruith na caoraich an taobh ud 's an taobh ud eile agus ruith Patch às an dèidh. 'S e spòrs mhòr a bh' ann dha. Cha b' e sin 's An Caiptean. Chaidh e a-steach dhan phàirc, ach bha an cù a' ruith air falbh bhuaithe agus cha robh dòigh ann a b' urrainn dha breith air.

Chaidh e a-steach dhan taigh agus fhuair e pìos arain. 'S dòcha gun gabhadh a thàladh le biadh. Thàinig an cù thuige nuair a chunnaic e an t-aran. Rug e air 's chuir e an iall air 's thug e a-steach dhan taigh e.

Shuidh e anns an t-sèithear agus ghabh e beachd air a' chù. Bha rudeigin fada ceàrr. Ged a bha pìos cruinn geal air a bhroilleach agus ged a bha an còrr dheth coltach ri Patch, bha e cinnteach nach e Patch a bh' ann. Gu h-àbhaisteach, nuair a chanadh e 'Patch, laigh sìos', laigheadh e sìos. Nuair a chanadh e 'Patch, trobhad an seo', thigeadh Patch thuige. Ach an cù seo cha robh e a' dèanamh càil a dh'iarradh e air. Nuair a chanadh e, 'Patch, laigh sìos', 's ann a leumadh e san èadhar no ruitheadh e timcheall an rùim.

'S e sin, agus mar a ruith an cù às dèidh nan caorach, a dhearbh dha nach e seo an cù a dh'fhalbh leis dhan bhùth. Chan e seo an cù aige fhèin. Cha b' urrainn dha smaoineachadh dè thachair dhan chù aige fhèin, ach dh'fheumadh e faighinn a-mach. Bha aon rud cinnteach, cha robh e a' dol a chumail a' choin seo. Dh'fheumadh e a dhol air ais chun na bùtha.

Nuair a fhuair Mike dhachaigh às a' bhùth, chuir e Tafaidh air an iall agus thug e a-steach dhan taigh e. Thug e an aire dha rud neònach mun bheathach. Bha e na laighe air an làr mu choinneamh, a' coimhead suas ris agus e ag gnòsadaich gun sgur, mar gum biodh e ag iarraidh rudeigin. Chan fhaca e Tafaidh a-riamh a' dèanamh sin.

'Dilys,' dh'èigh e, 'trobhad gu faic thu seo.'

Thug ise aon sùil air agus thuirt i, 'Càit an d' fhuair thu an cù?'

'Dè tha thu a' ciallachadh, càit an d' fhuair mi an cù? 'S e Tafaidh a th' ann ach…'

'Chan e Tafaidh a th' ann, 's e cù le cuideigin eile a th' agad.'

'S e neach-ealain a bh' ann an Dilys agus bheireadh i an aire dhan rud a bu mhionaidiche, gu h-àraidh nuair a bha e a' tighinn gu dath.

'Seall, nach eil thu a' faicinn a' chearcaill ghil air a bhroilleach nach eil e cho mòr ris an fhear a th' air Tafaidh.'

Bha aige ri aideachadh gun robh i ceart. Bha an cearcall geal beagan nas lugha. Feumaidh gun tug e an cù ceàrr leis bho thaobh a-muigh na bùtha. Cha robh e a' tuigsinn ciamar a thachair e ach dh'fheumadh e a dhol air ais.

Nuair a ràinig An Caiptean pàirc nan càraichean aig Tesco, chuir e an cù air an iall agus thug e a-mach às a' chàr e. Bha am beathach ga chur às a chiall, e cho an-fhoiseil ri cù a chunnaic e riamh. Bha e am beachd a dhol a-steach dhan bhùth agus faighneachd an robh duine air cù a chall, ach cha leigeadh e leas.

Chunnaic e duine a' tighinn a-mach à càr geal ceud meatair air falbh. Bha cù chaorach aige air iall. Rinn e a shlighe chun an duine. Bha an cù a bh' aig an duine a' tarraing gu dian air an iall. Agus bha e coltach ri Patch. Bha an cù a bh' aige fhèin a' tarraing gu dian air an iall cuideachd, earball a' dol mar mhuileann-gaoithe, a' dèanamh a dhìchill gus faighinn gu a mhaighstir.

'Patch!' ghlaodh An Caiptean, 'taing dhan t-sealbh.'

'Tafaidh,' ghlaodh Mike, ged nach robh mòran faochaidh na ghuth.

Rinn an dithis aca gàire.

'Tha iad cho coltach ri chèile,' arsa Mike.

'Tha agus chan eil.'

'A bheil thu ag iarraidh suaip?' arsa Mike.

'Tha,' arsa An Caiptean le gàire, 'seo dhut do chù air ais.'

'Anachronism'

THUG SEONAIDH SÙIL dheireannach air fhèin anns an sgàthan fhada san lobaidh, a' dèanamh cinnteach gun robh an t-èileadh na laighe ceart agus nach robh e ro àrd no ro ìosal. Bha a bhaga aige na làimh agus e a' dèanamh air a' chàr.

'Tha thu dìreach eireachdail,' ars a bhean, Màiri, le gàire. 'Bi faiceallach air an rathad.'

Thug iad pòg aithghearr dha chèile. 'Bithidh, na gabh dragh, chì mi ann an seachdain thu, a ghràidh.'

Le sin a ràdh dh'fhalbh e air a thuras. Bha e fortanach gun robh Màiri ann airson coimhead às dèidh nan caorach 's nan cearcan. A h-uile bliadhna airson nam fichead bliadhna mu dheireadh, bha an aon deas-ghnàth a' tachairt agus e air a shlighe chun a' Mhòid Nàiseanta, air èideadh ann an tartan spaideil Chlann MhicCoinnich. Tartan brèagha, dorch-uaine le ceàrnagan geal agus dearg. Am-bliadhna 's ann an Glaschu a bha am Mòd. B' e an aon uair a bhiodh e a' cur an èilidh air, mura biodh e a' dol gu banais. Thòisich e a' seinn aig na mòdan nuair a bha e còig. A h-uile bliadhna bheireadh a mhàthair e chun a' Mhòid ionadail ann an Steòrnabhagh, agus ged nach biodh e a' faighinn duais, bhiodh daoine – gu h-àraidh na cailleachan – ag ràdh cho snog 's a bha e a' coimhead anns an èileadh. Bha sin a' còrdadh ris.

Nuair a bha e na dheugaire, dhiùlt e seinn. Cha robh e a' smaoineachadh gun robh e math gu leòr agus bha e a' fàs nàrach. Ach nuair a bha e na bu shine, agus a thòisich e ag obair ann an oifis Chal Mac, ghabh e ùidh a-rithist ann am mòdan, gu h-àraidh am Mòd Nàiseanta. Bha e cudromach gun cumadh sinn an dualchas againn a' dol, agus dheigheadh e air an taistealachd bhliadhnail aige airson sin a dhèanamh. Ach dh'fheumadh e aideachadh, ged a bha an t-seinn agus an ceòl a' còrdadh ris, gur e bhith coinneachadh ri seann charaidean is eòlaich bu mhotha bha toirt togail dha.

Diciadain a' Mhòid chaidh e gu farpaisean a' Bhuinn Òir, agus às dèidh sin chaidh e gu taigh-seinnse far an robh e ag èisteachd ri ceòl agus a' bruidhinn ri seann eòlaich. Ro mheadhan-oidhche, chaidh e air ais dhan Phremier Inn far an robh e a' fuireach. Thug e sùil anns a' bhàr air eagal gun robh duine ann a dh'athnicheadh e. Cha robh duine, ach bha fear le ceann maol mun aois aige fhèin na sheasamh aig a' bhàr agus bhruidhinn e ris. Bha Gàidhlig gu leòr aig Sandaidh, mar a b' ainm dha. Thachair gum b' ann bhon a' Bhac ann an Leòdhas a bha a shinnsirean, ach chaidh a thogail ann an Glaschu. Bha e a-nis a' fuireach ann am Manchester. 'S e fear-gnothaich a bh' ann a bha a' reic agus a' ceannach stuthan eileagtronaigeach. 'S e sin a thug a Ghlaschu e. Às dèidh beagan innse dha mu dheidhinn fhèin, gun robh croit aige ann an Leòdhas agus gun robh e ag obair ann an oifis ChalMac, thionndaidh e gu cuspair a' Mhòid.

'Ciamar tha am Mòd a' còrdadh riut?' dh'fheòraich Seonaidh.

'Cha robh mi aig mòd a-riamh,' fhreagair am fear eile, 'cha bhi mi a' dol faisg orra.'

Chuir an fhreagairt a fhuair e beagan iongnaidh air. Dh'aithnich e air guth an fhir a bha ri thaobh nach robh ùidh sam bith aige ann am mòdan. Bha amharas aige, seach gur e fear-gnothaich a bh' ann, nach robh ùidh sam bith aige sna h-ealain nas mò. Phiobraich sin e gus an ath cheist a chur air.

'An e nach toigh leat seinn?'

'Chan e, chan e, tha mi gu math dèidheil air seinn agus ceòl. Tha mi dìreach a' smaoineachadh gur e anachronism a th' anns a' Mhòd.'

Chuir am facal ud stad air – 'anachronism'. Dh'fheuch e ri cuimhneachadh dè fèir a bha e a' ciallachadh. Rudeigin nach buineadh dhan linn aige fhèin, nach e? Cha robh e buileach cinnteach ciamar a fhreagradh e, ach bha an duine a' feitheamh ris bruidhinn agus dh'fheumadh e rudeigin a ràdh.

'Chan eil mi a' tuigsinn,' thuirt e. 'Ciamar as e anachronism a th' anns a' Mhòd?'

'Òrain agus aodach à linn eile. Nach biodh e neònach nam biodh Mòd aig na Sasannaich le òrain agus èideadh bhon 18mh linn?'

Chuir cho spracail 's a bha an duine cais air. 'Ach tha sin aca, seall fhèin na fèisean a th' ann airson dannsaichean Morris, agus iad air an èideadh ann an aodach gu math annasach. Agus tha iad sin a' dol air ais chun na 15mh linn,' thuirt Seonaidh.

Bha aig Sandaidh ri aideachadh gun robh a leithid a' tachairt ann an Sasainn. Ach na bheachd-san 's e anachronism a bha sin cuideachd. Cha robh daoine òga, no ach glè bheag dhiubh, ag iarraidh pàirt a ghabhail ann an leithid de dh'amaideas. Carson a bhiodh iad a' bodraigeadh ri a leithid nuair a bha annasan ùra ann mar ceòl roc agus pop agus ceudan de gheamannan bhidio, gun ghuth air punk agus heavy metal. Bha an saoghal ùr a' brùchdadh a-steach oirnn a h-uile latha, dè feum a bh' ann a dhol air ais gu rudan a bhuineadh do linn a dh'fhalbh, mar 'A' cur nan Gobhar às a' Chreig' no 'Buain na Rainich'. Dè an ùidh a bh' aig clann ann an gobhair no a bhith a' buain na rainich?

Bha Seonaidh ag òrdachadh nach robh e air guth a ràdh ris an duine seo, duine a rèir choltais, aig nach robh sùim sam bith dhan chultar às an tàinig e. Cha b' urrainn dha fhèin smaoineachadh a's an dòigh sin. Nach e na h-òrain, an tartan agus an ceòl na ceanglaichean prìseil a bh' againn ri ar sinnsirean? Bha e cho nàdarrach dha ri uisge a ghabhail, a dhol gu cèilidh agus a bhith a' sùghadh a-steach eachdraidh a dhaoine bho na h-òrain agus bhon cheòl.

'Tha an tartan agus na h-òrain agus an ceòl a' dèanamh ceangal ri ar n-eachdraidh,' thuirt e. 'Nach eil sin cudromach? Chan e na Gàidheil a-mhàin a tha a' dèanamh uaill às an dualchas. Seall na h-Innseachan agus na dùthchannan Arabach agus Iapan, nach eil an èideadh fhèin aca mar sari agus thobe agus kimono.'

'Chan eil sin ach a' dearbhadh na puing a th' agam,' arsa am fear-gnothaich, 'gur e anachronism a th' anns an aodach sin. 'S e gnothachas an rud a tha cudromach dha na dùthchannan sin. 'S e aodach taobh an iar an t-saoghail a th' air a' mhòr-chuid de shluagh Iapan. Bidh aodach traidiseanta orra airson fèisean no a leithid. Tha an aon rud fìor ann an dùthaich sam bith. Nuadhachas a bhalaich, feumaidh tu gabhail ris.'

Ach cha robh Seonaidh ag iarraidh gabhail ris. Bha e aig a' Mhòd Nàiseanta, rud a bha a' còrdadh gu mòr ris. Cha dèanadh e às aonais na taistealachd bhliadhnail aige. Bha e cinnteach gun robh argamaid làidir ann airson traidisean a chumail beò. Cha b' urrainn dha dìreach a chur ann am briathran. Cha tàinig e riamh aghaidh ri aghaidh ri duine mar seo a bha cho coma co-dhiù mu dheidhinn a fhreumhan fhèin. Bha amharas aige gur ann ga bhrodadh a bha e airson a dhèanamh fiadhaich, ach chuir esan roimhe nach tachradh sin a-muigh no a-mach.

Ann an guth rèidh thuirt e, 'Tha mi a' gabhail ri nuadhachas agus traidisean. Faodaidh na dhà a bhith beò còmhla.'

'Faodaidh duine a bhith beò ann an linn a dh'fhalbh. Chan eil an lagh a' cur bacadh air.' Thog am fear-gnothachais a ghlainne le sùil air fhiaradh air Seonaidh a dh'fhaicinn dè a' bhuaidh a bhiodh aig a bhriathran air.

Leis na facail sin chunnaic Seonaidh gur e duine buaireasach a bha san duine seo agus nach biodh tlachd sam bith ann dha an còmhradh a chumail a' dol. Dh'òl e an deur mu dheireadh bhon ghlainne aige.

'Oidhche mhath, a dhuine chòir,' thuirt e ann an guth rèidh. 'Tha thu ceart, chan eil an lagh a' cur bacadh air dualchas no air gnothachas. Gura math a thèid dhut. Tha thusa mar a tha thu agus tha mise mar a tha mise.'

Thog am fear eile a ghlainne agus thuirt e, 'Oidhche mhath, tha mi an dòchas gun còrd am Mòd riut, ged nach còrdadh e riumsa.'

'ANACHRONISM'

Sin mar a chrìochnaich an còmhradh. An uair a fhuair e dhachaigh a Leòdhas às dèidh seachdain thlachdmhor aig a' Mhòd sheas e air beulaibh an sgàthain mar a rinn e nuair a dh'fhalbh e.

Bha gàire air aodann, 'Anachronism', thuirt e ris fhèin ann an guth socair.

Chuala Màiri e. 'Dè thuirt thu? Cha do thuig mi am facal.'

'Cha tuirt guth, bha mi bruidhinn rium fhìn,' thuirt e le gàire.

Rinn i gàire air ais. ''S e call a tha sin, ach tha thu dhachaigh co-dhiù, 's e sin a tha cunntas.'

Am Feòil-sheachnair

THUG I SÙIL air a' chleoc. Bha e leth-uair an dèidh còig. Chuir e iongnadh air Niamh nach robh a mac, Tim, a-staigh. Gu h-àbhaisteach, bhiodh e dhachaigh bhon sgoil a h-uile latha ro chòig uairean, greis mus fhaigheadh ise dhachaigh bhon oifis ann am meadhan a' bhaile. Dh'èigh i, air eagal 's gun robh e san rùm aige, ach cha robh freagairt ann. Choimhead i a-mach air uinneag an t-seòmair-shuidhe. Chitheadh i na càraichean shìos fòidhpe, ach cha robh sgeul air Tim.

Chaidh i dhan chidsin agus rinn i cupa cofaidh dhi fhèin. Bha seirm ann bhon fhòn-làimhe aice. Vodaphone a-rithist, smaoinich i, le tairgsean de theacsaichean a bharrachd leis an ath cheannachd. Ach chan e sin a bh' ann idir ach teacsa bho Tim.

Leugh i: *Cha bhi mi dhachaigh a-nochd, tha mi sa cho-chomann Nuts and Greens, 's dòcha gum fuirich mi còmhla riutha airson greis. Na gabhaibh dragh, bidh mi ceart gu leòr, le gaol x*

Chaidh gaoir troimhpe. *Nuts and Greens*, co-chomann de fheòil-sheachnairean. Bha e air a dhol chun an àite aca taobh a-muigh Ghlaschu, seachad air Newton Mearns, bho àm gu àm, ach cha do shaoil i riamh gum fuiricheadh e còmhla riutha. Cha robh e ach sia-deug. An ainm an nì math dè b' urrainn dhi a dhèanamh.

Smaoinich i gu bliadhna air ais nuair a thòisich an dol-a-mach. Bha iad nan suidhe aig an dìnnear anns an taigh-bìdh GOG aon latha ag ithe stiubha blasta de dh'fheòil uain nuair a phut Tim an truinnsear air falbh bhuaithe. 'Chan eil mi ga iarraidh,' thuirt e le drèin air.

'Dè tha ceàrr air?' dh'fheòraich i.

''S beag orm feòil. Tha mi dol a sgur a dh'ithe feòil.'

Chuir seo iongnadh mòr oirre fhèin agus air Seòras, an duine aice. Cha robh for aca gun robh dad aig Tim an aghaidh feòla gus an latha ud. Ach cha b' e òrrais aon latha a bh' ann idir. Ò, cha b' e. Bhon latha sin a-mach chan itheadh e feòil no dad anns an robh feòil. Ach ged nach itheadh e feòil, dh'itheadh e iasg, rud a chuir iongnadh orra. Nuair a dh'fhaighnich iad dheth dè an diofar a bh' ann eadar feòil agus iasg, 's e thuirt e, 'Ma bha e math gu leòr dha Crìosda tha e math gu leòr dhòmhsa.'

Chuir sin barrachd iongnaidh orra. Gun teagamh, b' e gille car domhainn a bha nam mac a bhiodh a' dèanamh tòrr leughaidh ann an leabhraichean agus Wikipedia. Bha e a' dèanamh bith-eòlas mar chuspair san sgoil agus bha fios aca gun robh ùidh mhòr aige ann am beathaichean. Saoil an e sin a thug air sgur den fheòil. Cha robh i cinnteach, ach dh'fheumadh i fhaighinn dhachaigh a-rithist nan gabhadh sin dèanamh. Bha i a' faireachdainn a cridhe a' briseadh, a mac, air an robh gaol cho mòr aice, air teicheadh bhon taigh.

Chuala i iuchair a' tionndadh ann an glas an dorais a-muigh. Chaidh i thuige na ruith. An e esan a bh' ann? An robh e air inntinn atharrachadh? Ach fhuair i briseadh-dùil. 'S e bh' ann ach Seòras agus e dhachaigh bho obair sa bhanca.

Dh'aithnich e sa bhad gun robh rudeigin fada ceàrr. 'Dè tha cur ort?' thuirt e.

Bha deòir na sùilean. Shìn i am fòn dha. 'Leugh sin.'

Chuir e am baga aige air an làr. Cha tuirt e guth airson mionaid agus e a' feuchainn ri gabhail a-steach na bha e a' leughadh. Bha e uabhasach pròiseil às a mhac, an aon duine-cloinne a bh' aca, agus e cho modhail tuigseach. Ach ged a bha e tuigseach agus sean airson aois, na shùilean-sa cha robh ann fhathast ach an leanabh.

'Dè tha sinn a' dol a dhèanamh?' thuirt i ris na h-èiginn.

'Feumaidh sinn a ràdh ris tighinn dhachaigh, gun a bhith cho gòrach. Chan eil ann ach an leanabh. Co-chomann nan *Nuts and Greens*, chan eil fhios againn dè seòrsa criutha a tha sin, no dè thachras dha.'

Chuir na facail aige gairiseachadh troimhpe. Bha e ceart, glic 's gun robh Tim, cha robh ann ach an leanabh, agus bha a leithid de bhuidhnean coirbte mun cuairt san latha a th' ann nach robh fios dè na h-amasan loibhte a dh'fhaodadh a bhith aca. Dh'fheumadh iad cobhair a dhèanamh air, ach ciamar? Bhruidhinn iad air ais 's air adhart mu dè a b' urrainn dhaibh a dhèanamh. Dh'fheumadh iad a bhith faiceallach no dh'fhaodadh iad cùisean a dhèanamh na bu mhiosa. Bha fios aca gun robh Tim gu math daingeann na bheachd. Cha robh e air feòil ithe airson bliadhna agus bha eadhon a' sealltainn orrasan ag ithe feòil a' cur òrrais air.

'Feumaidh sinn rudeigin a dhèanamh,' thuirt i agus i a' fàs na b' iomagainiche.

'Feumaidh, feumaidh. Feumaidh sinn a dhol a-mach far a bheil e agus bruidhinn ris, a ràdh ris a thighinn dhachaigh gun dàil.'

'Chan urrainn dhuinn toirt air tighinn dhachaigh.'

''S urrainn, nach e am mac againn fhìn a th' ann, agus chan eil e ach sia-deug, tha e fhathast san sgoil,' thuirt e gu daingeann.

Bha i a' coimhead tùrsach. 'Tha eagal orm, a rèir an lagh, gum faod e an taigh fhàgail aig sia-deug ma tha àite sàbhailte aige son fuireach ann.'

Chuir na briathran aice iongnadh air. 'Ciamar tha fhios agad air sin?'

Mhìnich i gun robh eagal oirre o chionn fhada gun tachradh rudeigin mar seo agus gun robh i air rannsachadh a dhèanamh. Cha robh dad ann a b' urrainn dhaibh a dhèanamh mura robh Tim deònach a thighinn dhachaigh le a thoil fhèin. Thòisich plana a' tighinn gu a h-inntinn. Dheigheadh iad a bhruidhinn ris agus dh'iarradh iad air a thighinn dhachaigh. Nan diùltadh e chanadh iad ris gun robh iad a' dol a sgur a dh'ithe feòil. Cha bhiodh leisgeul aige gun a thighinn dhachaigh an uair sin.

Choimhead Seòras oirre gu teagmhach. Bha e gu math dèidheil air a bhiadh agus air a h-uile seòrsa feòla. 'An urrainn dhuinn sin a dhèanamh, a bhith beò às aonais feòil?' thuirt e.

''S e sin no bhith às aonais do mhic,' thuirt i le gearradh na guth.

Nuair a chuir i mar sin e, cho dubh is cho geal, cha robh argamaid aige na h-aghaidh.

'Glè mhath ma-thà,' thuirt e agus sealladh fad às na shùilean, 'bidh sinn beò air nuts and greens.'

'Cuiridh mi teacs air ais thuige,' thuirt i. Bha i a' faireachdainn nas fheàrr, agus i a' faicinn slighe a-mach às an èiginn 's an duilgheadas.

Sgrìobh i: *Tim, a ghaoil, an ann às do chiall a tha thu, chan urrainn dhut ar fàgail dìreach mar sin. Tha mi fhìn 's d' athair ag iarraidh bruidhinn riut. Tha gaol mòr againn ort. Thig sinn a-nall gad fhaicinn an-dràsta fhèin xx*

Cha robh iad air a bhith riamh aig a' cho-chomann *Nuts and Greens*, ach bha tuairmse aca air far an robh e, oir bhiodh Tim an-còmhnaidh a' bruidhinn mu dheidhinn. Ghabh iad an rathad gu deas a-mach à Glaschu tro Newton Mearns air rathad Chille Mheàrnaig le Seòras aig a' chuibhle. Thàinig teacs bho Tim.

Faodaidh sibh tighinn gam fhaicinn ach cha tig mi dhachaigh idir. Tha mi toilichte an seo. Chan eil duine an seo ag ithe feòil. X

'Bha mi smaoineachadh gun diùltadh e,' thuirt i.

Cha b' fhada gus am faca iad soidhne beag ri taobh an rathaid ag ràdh *Nuts and Greens*. B' e seann taigh tuathanais a bh' ann. Fhreagair fear leth-char òg, le aodann bàn, an doras.

Sheall e orra gu dùrachdach mar gum biodh dùil aige riutha. 'Can I help you?' thuirt e.

Dh'inns iad dha cò iad agus gun robh iad ag iarraidh bruidhinn ri am mac.

'Of course,' thuirt e gu modhail, 'come in, but he's going to stay here.'

'We'll see,' thuirt Seòras gu cruaidh.

Lean iad an duine a-steach dhan chidsin. Bha grunn dhaoine,

fireannaich is boireannaich, cuid dhiubh le bandànathan air an cinn, nan suidhe mu bhòrd mòr, làn de shoithichean le glasraich, mar gum biodh iad dìreach air crìoch a chur air am biadh. Criutha gu math annasach; beat-niks, smaoinich Niamh. Bha a h-uile duine dhiubh gu math na bu shine na Tim. Chunnaic iad gun robh esan aig an t-sinc, a' nighe nan soithichean. Thionndaidh e nuair a chunnaic e iad agus thàinig e a-nall thuca.

'Am b' urrainn dhuinn bruidhinn gu dìomhair mionaid?' thuirt athair.

Sheall Tim ris a' bhòrd. 'Tha e ceart gu leòr, chan eil Gàidhlig aig duine dhiubh.'

'Dè tha thu a' dèanamh an seo? Nach tig thu dhachaigh còmhla rinn,' ars a mhàthair le guidhe na sùilean.

Bha a mac a' coimhead duilich air a shon fhèin. 'Chan urrainn dhomh, 's beag orm feòil, tha e gam dhèanamh tinn.'

Bhris athair a-steach. 'Ach chan eil thusa ag ithe feòil.'

'Tha fhios a'm, ach tha sibhse, agus tha sin gam fhàgail tinn.'

'Tha deagh naidheachd againn dhut,' thuirt a mhàthair. 'Tha sinne air sgur a dh'ithe feòil.'

Las aodann a mic le toileachas. Choimhead e orra gu dùrachdach. 'A bheil sibh ga chiallachadh?'

Dhaingnich an dithis aca gur e an fhìrinn ghlan a bh' ann. Chan fhaiceadh e stiubha uain air a' bhòrd aca tuilleadh. Rinn e gàire. Ma tha, thigeadh e dhachaigh còmhla riutha. Chuir e iongnadh air an fheadhainn a bh' aig a' bhòrd dè bha tachairt. Choimhead iad ri Tim airson mìneachadh.

'I'm going home. My parents have stopped eating meat,' thuirt e le braoisg thoilichte air aodann.

Dh'èirich monmhar bhon bhòrd, sheas iad mar aon agus bhuail iad am basan.

Air an t-slighe dhachaigh, thadhail iad air bùth mhòr airson glasraich agus lusan agus nuair a fhuair iad dhachaigh rinn Niamh biadh le bonnaich soya agus glasraich gu leòr.

Bha craos gàire air Tim bho chluais gu cluais. Bha Seòras mas fhìor toilichte, ach a' cagnadh a thàmailt.

An Doras Seunmhor

CHA ROBH A-RIAMH a leithid de dhoras ann. Bha e sa h-uile àite 's cha robh e an àite sam bith. Bha e dearg, bha e uaine, bha e geal, dath sam bith a chaidh a-riamh ainmeachadh. Bha e nàdarra agus os-nàdarra. Mhionnaicheadh daoine gun robh iad air an doras fhaicinn, gun robh iad air gnogadh air agus air a dhol troimhe. Mhionnaicheadh feadhainn eile nach robh ann ach aisling, nach robh a leithid ann. Bha an doras ann an tìm agus a-mach à tìm. Nochdadh an doras far am bu toigh leis. Dheigheadh e timcheall an t-saoghail ann an tiota agus nochdadh e ann am billean àite aig an aon àm. Rud a b' iongantaiche buileach, b' urrainn daoine a bha dall on a rugadh iad an doras fhaicinn. Ged a bha mòran dhaoine ann cuideachd nach robh dall agus nach b' urrainn an doras fhaicinn idir.

Bha iad ag ràdh gun do nochd e an toiseach ann an Galile, ged a tha deasbad ann mu dheidhinn sin. Canaidh cuid gun robh e sa h-uile àite bhon toiseach. Co-dhiù, nochd e an latha seo ann an Ierusalem do dh'fhear Nicodèmus, a bha na Pharasach. Chuala esan tòrr sgeulachdan mun doras. Bha a h-uile duine ann an Ierusalem a' bruidhinn mu dheidhinn cho mìorbhaileach 's a bha an doras a bha seo. Àite sam bith far am biodh e, bha iongantasan a' tachairt. Dh'fheumadh e fhaicinn le a shùilean fhèin.

Ach bha duilgheadas aige. Mar bhall de na Pharasaich, 's e fear-teagaisg an lagha agus riaghladair a bh' ann. Agus bha fathannan a' dol mun cuairt nach robh an doras a' creidsinn anns an lagh, agus nas miosa buileach gun robh e ga dhèanamh fhèin co-ionann ri Dia. Nach tuirt e, mus robh Abrahàm ann gun robh esan. Dh'fheumadh e ceistean mionaideach a chur air, ach cha robh sin soirbh a dhèanamh tron latha agus e an-còmhnaidh air a chuairteachadh le daoine. Dh'fheumadh e bruidhinn ris air an oidhche nuair a bhiodh e dorcha. Dh'fheumadh a' choinneamh a bhith falaichte cuideachd air sgàth nam Pharasach eile. Dè chanadh iad nam faigheadh iad a-mach gun robh esan, Nicodèmas, a' bruidhinn ris a' chealgair a bha ag adhbharachadh a leithid de throimh-a-chèile ann an Ierusalem.

Aon oidhche fhuair e bruidhinn ris an doras. Bha e mar gum biodh an doras air a thighinn thuigesan ann an sràidean cumhang a' bhaile.

'Tha mi a' cluinntinn mu na mìorbhailean a tha sibh a' dèanamh,' thuirt e ris an doras, 'feumaidh gur ann bho Dhia a tha sibh. Cha b' urrainn doras na mìorbhailean sin a dhèanamh, mura b' ann bho Dhia a bha e.'

'Is mise an doras gu Dia ceart gu leòr,' fhreagair an doras, 'ach feumaidh tu a bhith air do bhreith a-rithist.'

Chuir na facail sin iongnadh nach bu bheag air. Bha e air cluinntinn gum biodh an doras a' bruidhinn ann an dubh-fhacail agus gu math tric nach robh e soirbh a thuigsinn.

'Chan eil mi a' tuigsinn,' thuirt e. 'Am feum thu a dhol am broinn do mhàthar a-rithist?'

'Chan fheum,' thuirt an doras, 'ach feumaidh tu a bhith air do bhreith on Spiorad. Tha a' ghaoth a' sèideadh far an toigh leatha. Tha thu a' cluinntinn a fuaim ach chan eil fhios agad cò às a tha i a' tighinn. 'S ann mar sin a tha thu air do bhreith a-rithist, le uisge agus an Spiorad.'

Cha robh e fhathast a' tuigsinn. 'Ciamar as urrainn sin a bhith?'

B' e dubh-fhacail a bh' aig an doras ceart gu leòr. Bha na chuala e mu a dheidhinn fìor. Sheas e greis a' smaoineachadh, a' feuchainn ri ciall a thoirt às na chaidh a ràdh, ach cha b' urrainn dha a thuigsinn ro mhath.

Chunnaic an doras mar a bha stad air tighinn air. 'Thusa a tha nad fhear-teagaisg do dh'Israel, nach eil thu a' tuigsinn na tha mi ag ràdh?'

Cha robh e a' tuigsinn ro mhath. Nach deachaidh an lagh a thoirt dhaibh le Maois agus dh'fheumadh a h-uile duine cumail ris an lagh. Air do bhreith a-rithist? Dh'fheumadh e smaoineachadh mu dheidhinn ciamar a b' urrainn duine a bhith air a bhreith a-rithist. Agus bha e ag ràdh ris creidsinn annsan. Dè bha sin a' ciallachadh? Dh'fheumadh e smaoineachadh mu dheidhinn agus tighinn air ais thuige latha eile. Ach cha d' fhuair e an cothrom.

Bha Ierusalem air ghoil leis an naidheachd, gun deach cur às dhan doras, gun deach a mhilleadh gu dona agus a chur ann an tuam. Ach cha b' e sin an rud bu neònaiche. A rèir cuid, fhuair luchd-leantainn an dorais an tuam fosgailte 's gun sgeul air an doras. Bha fathannan a' dol gun robh an doras beò fhathast agus gun robh e air nochdadh do dhiofar dhaoine. Am beachd a charaidean, na Pharasaich eile, 's ann a ghoid a luchd-leantainn an doras agus dh'fhalbh iad leis. Cha robh e cho cinnteach.

Chaidh na bliadhnaichean seachad. Dh'fhàg an doras Ierusalem air a chùlaibh. Às dèidh siud thòisich e a' nochdadh air feadh an t-saoghail do dhuine sam bith, gun rabhadh sam bith. Cha robh a-riamh a leithid de dhoras ann. Bha e sa h-uile àite 's cha robh e an àite sam bith. Gu h-iongantach, b' ann do dh'fheumnaich agus daoine ann an cunnart, no daoine a bha a' faireachdainn ciontach, a bha an doras a nochdadh.

Aon oidhche nochd e dha Shug. Bha Shug a' fuireach ann an Glaschu, ann am pàirt den bhaile far an robh bochdainn. On cho fada 's a bu chuimhne leis, bha a mhàthair gun obair agus air sochairean stàite. B' e deoch làidir agus an telebhisean a beatha. Bha esan e fhèin gun obair 's gun dòchas obair fhaighinn. Thòisich e air drogaichean nuair a bha e fhathast san sgoil, cainb an toiseach agus an uair sin droga sam bith a gheibheadh e, gus mu dheireadh bha e air heroin. Dh'fheumadh e a bhith a' goid airson an t-ana-miann aige a shàsachadh. Bha e a-steach 's a-mach à Barlinnie.

Mu dheireadh bhiodh e a' cadal air na sràidean. Sa gheamhradh bhiodh an Salvation Army a' tighinn thuige 's ag ràdh gum feumadh e a dhol gu ostail no gum biodh e marbh leis an fhuachd. Bha fios aige gur e an fhìrinn a bh' aca agus nach b' fhada gus am biodh e marbh nan cumadh e a' dol mar a bha e.

Aon oidhche bha e na laighe ann an doras bùtha a bha air dùnadh agus e a' feuchainn ri cadal, ach cha b' urrainn dha leis an fhuachd. Chuimhnich e air dè thuirt Janice, an nighean òg bhon Salvation Army ris: 'You canna gie up hope. Chap on the door an' it'll open for you. Just pray.' 'Aye, that'll be right,' smaoinich e, 'what the hell's she gaun on aboot? She dizny ken what it's like bein' in a midden.'

An oidhche sin bha e a' cadal 's a' dùsgadh. Bha inntinn na breislich. Nam biodh doras ann air am b' urrainn dha gnogadh, dhèanadh e sin. Ach a h-uile doras a bha air an t-sràid seo, agus air sràidean eile, bha iad dùinte na aghaidh. Bha e cleachdte ri diùltadh, ri daoine a bhith a' coimhead sìos air. Cha robh sin doirbh agus e na shuidhe air a' chabhsair na dhèireach a' feitheamh gus an cuireadh cuideigin bonn san tiona. Bha a bheatha bun-os-cionn, ma bha a-riamh rèidh. Cha robh dòchas ann dha tuilleadh ach am bàs.

Smaoinich e air na facail a thuirt Janice ris, 'Chap on the door… just pray.' Cha robh e air ùrnaigh a dhèanamh a-riamh na bheatha, cha tàinig a leithid a-staigh air. 'Glaikit church folks, they're aff their heids,' smaoinich e. Thàinig crith na chom leis an fhuachd. Bha e ann an dubh-èiginn. Airson a' chiad uair na bheatha rinn e ùrnaigh, 'Ok door, I'm chapping on you, open up, gies a break.' Rinn e gàire amaideach ris fhèin, 'I'm going mental, for sure.'

Chunnaic e an doras os a chionn, doras brèagha dearg. Bha e mar gum biodh taibhse deàlrach na sheasamh anns an doras.

'Bha thu a' gnogadh,' thuirt an taibhse.

Dh'fhairich e blàths a' dol troimhe. Thòisich e aig a cheann agus chaidh e tro a chom air fad.

'Thig a-staigh dhan bhlàths,' ars an taibhse.

'How can I come in there, I'm clatty.'

'Na bi gòrach,' thuirt an guth, 'nuair a thig thu a-steach tron doras seo, bidh thu glan."

Bha e mar gun robh e ann an aisling. Nuair a dhùisg e bha e fhathast ann an doras na bùtha. Tharraing e a' phlaide shalach timcheall air. Bha e neònach. Bha rudeigin air tachairt dha nach robh e a' tuigsinn. Ged a bha e na laighe ann an dust na sràide, bha e airson a' chiad uair na bheatha, a' faireachdainn glan.

Anns a' mhadainn chaidh e dhan ostail agus dh'iarr e rùm orra. Dh'fhaodadh e fuireach, thuirt iad, fhad 's a bhiodh e saor bho dhrogaichean.

'Ah've stopped a' that,' thuirt e le gàire.

Airson a' chiad uair na bheatha b' e an fhìrinn a bh' aige. An ath thriop a choinnich e ri Janice thuirt i ris, 'Hi there Shug, did you chap the door then?' Chuir e iongnadh oirre cho glan sgiobalta 's a bha e. Thug e pòg dhi air a' ghruaidh agus dh'innse e dhi dè a thachair on triop mu dheireadh a bhruidhinn iad.

Thàinig braoisg mhòr air a h-aodann. 'Praise the Lord,' thuirt i.

'Aye, praise that door,' thuirt e, 'pure magic'. Agus bha e ga chiallachadh.

Gu cinnteach, bha beatha thrang aig an doras, e beò sa h-uile h-àite. Cho luath 's a chluinneadh e gnogadh, bhiodh e ann. Às a h-uile dùthaich air thalamh bha glaodhaich is gnogaidhean a' tighinn, agus bhiodh e ann sa bhad. Airson gun robh e ann an tìm 's a-mach às, cha robh astar no luaths a' ciallachadh càil. Nan gnogadh Olivia ann an Astràilia bhiodh e ann, no Michi ann an Iapan. Nan glaodhadh Bashir à Pagastan no Katina às an Ruis, bhiodh e ann. Cha robh e gu diofar mu chànan no cultar no dath a' chraicinn, bhiodh e ann airson cobhair is cuideachadh.

Cha robh a-riamh a leithid de dhoras ann. Bha e sa h-uile àite 's cha robh e an àite sam bith. Bha e dearg, bha e uaine, bha e geal, dath sam bith a chaidh a-riamh ainmeachadh. Bha e nàdarra agus os-nàdarra. Mhionnaicheadh daoine gun robh iad air an doras fhaicinn, gun robh iad air gnogadh air agus air a dhol troimhe. Mhionnaicheadh feadhainn eile nach robh ann ach aisling, nach robh a leithid ann. Bha an doras ann an tìm agus a-mach à tìm. Nochdadh e far am bu toigh leis. Dheigheadh e timcheall an t-saoghail ann an tiota agus nochdadh e ann am billean àite aig an aon àm. Rud a b' iongantaiche buileach, b' urrainn daoine a bha dall on a rugadh iad an doras fhaicinn. Ged a bha mòran dhaoine ann cuideachd nach robh dall agus nach b' urrainn an doras fhaicinn idir. Sin sgeulachd an dorais sheunmhoir.

An Clisgeadh

CHA ROBH FIOS aige dè chanadh e, an latha a chunnaic e an càr. Fhuair e a chlisgeadh gun teagamh sam bith. B' e latha brèagha earraich a bh' ann ann am meadhan a' Ghiblein 's bha Anndra a-muigh a' coiseachd aig cùl an taighe. B' àbhaist dha a bhith a' gabhail cuairt sna beanntan, ach on a thòisich tinneas nan alt air bhiodh e a' seachnadh sin agus a' coiseachd air a' chòmhnard.

Bha bruthach a' dìreadh air cùl an taighe agus rathad a' dol tarsainn na bruthaich. Bha lùb chruaidh san rathad, a bha an uair sin a' fàs dìreach agus a' dol gu taigh a nàbaidh. Chunnaic e càr dubh fada a' tighinn timcheall na lùib. Cha b' e càil annasach a bha sin. Bhiodh gu leòr chàraichean mun cuairt, gu h-àraidh as t-earrach agus as t-samhradh. Bha mar gum biodh rionnag òir a' deàrrsadh san uinneig chùil far an robh a' ghrian ga bualadh. Mu dhà cheud meatair bhon lùib, bha craobh bheag ri oir an rathaid. Cho luath 's a ràinig an càr a' chraobh, chaidh e à sealladh. Cha robh a' chraobh mòr gu leòr airson an càr fhalach.

Bha a' chùis mì-chneasta. Ciamar a b' urrainn càr a bhith ann aon mhionaid agus a dhol à sealladh mar siud? Bha Oighrig, a bhean, sa chidsin. Chaidh e a dh'innse dhi dè a chunnaic e.

'Taibhse,' thuirt i, 'chunnaic thu taibhse.' Cha do chuir e suas no sìos i.

Chuir e iongnadh air cho ciùin 's a bha i mu dheidhinn. Nach robh e a' cur dragh oirre idir? A rèir choltais cha robh. B' e siud a' cheud taibhse a bha esan air fhaicinn, agus rinn e dragh mòr dha. Chuimhnich e air taibhse de chàr a bhiodh iad a' faicinn san eilean bliadhnaichean air ais 's cha b' e dad math a thàinig às na seallaidhean sin.

Cha b' e siud a' chiad rud annasach a bha air tachairt dhaibh. Trì no ceithir bliadhna ron sin, nuair a thòisich iad a' dol a dh'eaglais eile, bha rudan iongantach air a bhith a' tachairt dhaibh. Bha bata a bha an crochadh ris a' bhalla air tarrag, agus a bha an sin airson doras an lobhta fhosgladh, aon latha air tuiteam den tarraig gun duine faisg air. Thachair an aon rud còig tursan eile, agus a h-uile turas bha e mar gum biodh am bata a' toirt teachdaireachd dhaibh.

An toiseach chuir an dol-a-mach a bh' aig a' bhata eagal a bheatha air Anndra. Nach robh e, nuair a bha e na b' òige, air iarraidh air Dia comharra a thoirt dha gun robh e ann, agus nach b' e dìreach aisling a bh' ann. A-nise, bha na comharran a' tighinn nam frois. Mas e Dia a bha air cùlaibh na bha a' tachairt, dh'fheumadh e urram a thoirt dha. Ach ciamar? Bha ìomhaigh aige de Ìosa, ris an canar marbhphaisg Thurin, a bha e air a thoirt a-mach à leabhar, agus air a chur ann am frèam. Smaoinich e nam faigheadh e bòrd beag agus an dealbh a chur air a' bhòrd gum faodadh sin a bhith na 'shrine', no ionad coisrigte, a chuireadh na chuimhne am beannachadh a bha e air fhaighinn.

Cha robh Oighrig cho cinnteach an toiseach. Choimhead i air mar nach robh e aige fhèin. "Shrine', carson bho shealbh a dhèanadh tu sin? Cò riamh a chuala a leithid?'

'Tha fhios a'm,' thuirt e, 'ach cha do thachair na thachair dhuinne dha duine sam bith eile. Smaoinich air, am bata a' tuiteam agus a' toirt dhuinn teachdaireachdan.'

''S iomadh duine dha na thachair rudan iongantach, ged nach eil fhios againne air.'

'Ma thachair cha chuala mise mun deidhinn, na rudan a thachair dhuinne co-dhiù.'

Cha robh e ag iarraidh ach urram a thoirt dha Dia airson nan rudan iongantach a thachair leis a' bhata. Tha fhios nach robh dad ceàrr air sin. Bhiodh e na chuimhneachan dhaibh air mar a thachair. Ged a bha i teagmhach mun chùis, dh'aontaich i mu dheireadh thall agus fhuair e a mhiann.

'Dèan do thoil ma-thà,' thuirt i gu lom.

Ma bha ise a' smaoineachadh nach robh aige ach smuain fhaoin san dol seachad, fhuair i a chaochladh a-mach an ath thuras a bha iad an Inbhir Nis, nuair a chunnaic i e a' tighinn a-mach à bùth le bòrd annasach spaideil. An uair a fhuair iad dhachaigh chuir e an dealbh na suidhe air a' bhòrd còmhla ri coinneal, ìomhaigh den òigh Muire leis an leanabh Ìosa agus calman geal. A h-uile turas a dheigheadh e a-steach dhan rùm-suidhe, chitheadh e am bòrd agus chuireadh e na chuimhne na rudan a thachair agus bheireadh e taing do Dhia. Bha i fhèin a' coimhead air gu h-amharasach, ach cha tuirt i guth.

Mu cheithir seachdainean às dèidh dha an taibhse fhaicinn, bha e a' coiseachd seachad air a' bhòrd agus e a' dol a-steach dhan rùm-suidhe nuair a chuala e brag air a chùlaibh. Nuair a chaidh e air ais a dh'fhaicinn dè bh' ann, chunnaic e gun robh dealbh Ìosa air tuiteam gu làr. Ma fhuair e clisgeadh leis an taibhse, bha seo na bu mhiosa, nì cho iongantach 's cho eagalach 's a thachair dha riamh. Bha Oighrig san rùm-suidhe 's chuala ise am fuaim cuideachd. Thàinig i a dh'fhaicinn dè a thachair. Bha i air a h-uabhasachadh mar a bha e fhèin.

Shuidh iad mu choinneamh a chèile agus bheachdaich iad air na thachair. Nam b' e dad sam bith eile a bha air tuiteam. Ach dealbh Ìosa! Bha am frèam a bh' air an dealbh gu math trom. Cha robh dòigh ann a b' urrainn dhi tuiteam den bhòrd leatha fhèin.

'Chan eil sinn a' dol a Romàinia,' thuirt e. 'Tha mi dol a chur an turas dheth.'

Bha iad an dùil a dhol a Romàinia air saor-làithean agus bha e air faradh a' phlèana a phàigheadh. Ach bha rudeigin ag ràdh ris nach bu chòir dhaibh a dhol ann.

Choimhead e ri bhean. 'S e faochadh mòr a tha sin dhòmhsa,' thuirt i, agus dh'aithnicheadh e air a h-aodann gur e sin dha-rìribh a bh' ann dhi.

O chionn seachdain no dhà bha i air a bhith a' gearan le pian na stamaig. Cha b' e tè a bh' innte a dheigheadh gu dotair mura b' èiginn dhi, ach nuair a chaidh i air ais chun an dotair an dàrna turas, nuair nach do rinn a' chiad ìocshlaint feum sam bith dhi, thuirt an dotair rithe gum feumadh i a dhol dhan ospadal airson deuchainn. Aig deireadh an Ògmhios, mìos às dèidh dhan dealbh tuiteam, fhuair i fios bhon ospadal ag innse dhi gun robh aillse stamaig oirre. Mas e clisgeadh a bh' anns an dealbh tuiteam, b' e an dubh-chlisgeadh a bh' anns an naidheachd sin.

Thuig iad an uair sin gun robh iad air a bhith a' faighinn rabhaidhean. Cha b' urrainn dhaibh a bhith air a dhol air saor-làithean san t-Sultain. Aig an àm sin, dh'fheumadh Oighrig a bhith a' faighinn leigheas chemo. Bha an taibhse air nochdadh agus an dealbh air tuiteam. Bha e mar gun robh fios aig rudeigin no cuideigin ro-làimh dè bha dol a thachairt. Ann an dòigh bha i fortanach, oir dh'innis na lighichean dhi gun robh an aillse aig a' chiad stèids. Le leigheas chemo agus opairèisean bha deagh sheans ann gum faigheadh i seachad air.

Ach lean na rabhaidhean. Dhà no trì làithean às dèidh dhan dealbh tuiteam, bha i fo throm-uallach, mar a bha nàdarra às dèidh a leithid de naidheachd fhaighinn.

'Tha mi dol dhan bhùth airson cigarettes,' thuirt i.

Dh'fhàs aodann dùr. 'Chan eil fhios a'm an e rud math a tha sin.'

B' àbhaist dhi a bhith a' smocadh ach bha i air sgur o chionn fhada. Chaidh i a-mach chun an dorais aghaidh a dh'fhaicinn cò ris a bha an t-sìde coltach. Mar a bha i a' dol seachad air a' bhòrd thuit an dealbh chun an làir. Rabhadh eile. Co-dhiù, ghabh i e mar rabhadh agus cha deach i dhan bhùth agus cha do thòisich i a' smocadh.

'Tha cuideigin a' coimhead às do dhèidh,' thuirt e le snodha-gàire fhann.

Rinn i gàire fhann air ais.

Chaidh na làithean agus na seachdainean seachad. Bha tursan ann a dh'Inbhir Nis dhan ospadal airson leigheas chemo, rud a dh'fheumadh i fhaighinn mus biodh an opairèisean ann. Bha an stuth a bha iad a' cur na corp ga fàgail lag agus le cion lùiths. Mar thè a bu thoigh l' a bhith a' gluasad agus a' dèanamh rudan, bha e na bhriseadh-dùil dhi gum feumadh i suidhe na stob ann an sèithear fad an latha. B' e an Dàmhair an t-àm den bhliadhna nuair a bhiodh i a' cur nam meacan airson lus a' chrom-chinn.

Aon latha thug i an aire dha na meacain sa phreasa, preasa a bha mu choinneamh a' bhùird air an robh an dealbh. Na gòraich, smaoinich i gun deigheadh i a chur nam meacan sa ghàrradh agus anns na poitean. Mar a bha i a' sìneadh a làimh a-mach airson grèim a ghabhail air na meacain, thuit an dealbh air a cùlaibh gu làr. Rabhadh eile. Chaidh i air ais na suidhe anns an t-sèithear.

'Cha mhòr gun gabh e a chreidsinn,' thuirt e.

Gun do thuit an dealbh idir, bha sin iongantach gu leòr, ach gun do thuit i trì tursan, agus a h-uile turas mar gum biodh i a' toirt rabhadh seachad, bha sin os cionn iongantach. 'S iomadh latha a shuidh iad a' crac 's a' meòrachadh mu dheidhinn suas gu latha an opairèisein. Bha an dithis den bheachd gur ann bho Dhia a bha na comharran. Cò eile aig am biodh fios air dè bha dol a thachairt san àm ri teachd?

Nuair a thàinig e gu latha an opairèisein, bha Anndra làn iomagain, ach cha robh cus dragh air Oighrig idir. Mar a chaidh i a-steach dhan t-seòmar lannsa bha i cho ciùin ri aiteal. Agus dh'obraich a h-uile càil gu math leis an opairèisean, agus às a dhèidh.

Bliadhnaichean mòra às dèidh sin bhiodh iad nan suidhe aig an taigh a' beachdachadh air na thachair agus mar a thàrr i às le a beatha. Ach gu seachd àraidh bheireadh iad sùil air a' bhòrd agus na bha e a' riochdachadh. Agus thigeadh deòir gu an sùilean.

'Leig Leatha Losgadh'

BIDH CUIMHN' A'M air gu uair mo bhàis, mar a thachair air an latha ud ann am Bad an Loisgein. Mo mhàthair, 's fhada a tha i air a bhith san uaigh. Ach ò mo thruaighe mar a thachair dhi mus deach i innte…

Air latha brèagha samhraidh bha mi aig a' chrodh mu mhìle bhon taigh nuair a chunnaic mi a' cheò agus lasraichean ag èirigh bho mhullach an taighe againn. Chithinn cuideachd sluagh de dhaoine a' gluasad 's a' sporghail mun cuairt. Cha do chòrd na bha mi a' faicinn rium idir. B' e bliadhnaichean duilich a bha air a bhith anns an dà bhliadhna ron sin. Bha a' Bhana-mharcas agus am Marcas Stafford air milleadh agus miastadh a dhèanamh air an t-sluagh ann an Srath Nabhair agus Cill Donnain, a' ruagadh nan daoine às na taighean aca. Mas fhìor gur e 'leasachadh' a bh' ann, gar fuadach bhon fhearann a bh' againn bho ar sinnsirean, agus gar cur air acraichean beaga loma ri taobh na mara. Iad a' dèanamh tuathanasan mòra den talamh air an robh ar n-athraichean air a bhith airson àm a-mach à cuimhne. Aidh 's e 'leasachadh' a thug iad air sin. H-abair leasachadh.

Ach bha duine aig a' Bhana-mharcas a dhèanadh an obair shalach dhi. Fear aig nach robh diù a' choin dha daoine, oir 's e cù a bh' ann 's a th' ann fhèin. Canaidh a h-uile duine sin. Nach robh ann ach an salachar, bileag lagha aige na dhòrn agus e smaoineachadh gun robh a h-uile càil ceart gu leòr. Gun robh e ceart dha a bhith a' cur teine ris na taighean agus gan leagail gu làr.

An latha ud bha agam ris a' chrodh fhàgail agus dèanamh

air an taigh. Chunna mi Ciorstag, mo nighean nach robh ach aon bhliadhna deug, a' tighinn thugam na ruith. Bha i geal agus aonach oirre nuair a ràinig i mi. An creutair bochd, bha e follaiseach gun robh i troimh-a-chèile.

'Ò mamaidh, tha granaidh san taigh,' thuirt i eadar na plosgan. 'Feumaidh i cuideachadh.'

'A ghràidh dè idir tha tachairt?' ghlaodh mi 's sinn a' gluasad cho luath 's a b' urrainn dhuinn gu ruige an taigh.

Bha mo mhàthair ceithir fichead 's a dhà-dheug agus na h-euslainteach air an leabaidh. Cha robh dòigh ann a b' urrainn dhi gluasad leatha fhèin. Dh'fheumadh i cobhair fhaighinn agus sin gu luath. Mar a thàinig sinn na b' fhaisge air an taigh, chitheadh sinn dè bha a' tachairt.

Bha ceithir maoir-shiorraidh ann nan deiseachan dubha agus mu fhichead oifigear agus luchd-obrach bhon oighreachd gan cuideachadh, deiseil airson bacadh a chur air aimhreit a dh'fhaodadh a bhith ann. Bha am beagan àirneis a bh' againn a-muigh air an t-sitig. Bha mullach an taighe, na bha air fhàgail dheth, fhathast na theine.

Mar a thàinig mi suas gu doras an taighe, chuala mi èigh bhon taobh a-staigh.

'Teine! Teine!'

Mo mhàthair bhochd. Bha na plaideachan a bha thairis oirre air tòiseachadh a' gabhail agus broinn an taighe tiugh le ceò, ged a bha leth a' mhullaich air tuiteam na chraos agus adhar gorm an t-samhraidh ri fhaicinn os ar cionn. 'S beag an t-iongnadh ged a bha i a' glaodhaich.

'Gun gabh Dia ri m' anam,' thuirt i gu fann, 'dè an teine a tha seo timcheall orm?'

Cha robh an truaghag a' tuigsinn ceart dè bha air tachairt, agus a fradharc air a dhol bhuaithe. Le cuideachadh bho Uilleam, an duine agam, agus dithis nàbaidhean, thog sinn mo mhàthair a-mach agus èibhleagan bhon mhullach a' tuiteam air ar cinn.

Ach càit an cuireadh sinn i? Bha luchd-obrach na h-oighreachd air am mullach a thoirt den t-sabhal. Cha robh air fhàgail ach seann bhothan an eich, bothan a bha gun doras agus am mullach fhèin gu math leam-leat. Le cridheachan muladach, b' ann an sin, le beagan fodair agus plaide fòidhpe, a chuir sinn i na laighe. An truaghag bha mi a' faireachdainn cho duilich air a son. Ach dè eile a b' urrainn dhuinn a dhèanamh.

B' ann nuair a thàinig mi a-mach às a' bhothan a thug mi an aire dhan duine air an each. Le a chòta dubh, a lèine gheal agus crabhat dubh, shaoileadh tu gur e duine uasal a bh' ann. Ach cha b' e, 's e bh' ann ach Pàdraig Sellar, an duine bu ghràineile a sheas a-riamh air dà chois. Agus cha b' e dìreach mo bheachd-sa a bha sin ach beachd nam mìltean a dh'fhuiling fo a shàil. Bha sinn uile air cluinntinn mu dheidhinn, am bàillidh a bha ag obair dhan Bhanamharcas. Mar a chuir e na teaghlaichean às na dachaighean aca ann an Sgìre Raoghaird, ann an Loth agus Sgìre Chlìn. Bha sin ann an 1812. An uair sin ann an Ruigh Loisgte agus Ristog anns an aon bhliadhna a thachair an t-uabhas dhuinne. Anns gach baile bha e a' losgadh agus a' leagail. A' sgiùrsadh nan daoine dhan t-sitig le làmh iarainn an lagha. Tinn no fallain, sean no òg, lùthmhor no lapach, a-mach leotha dìreach airson rùm a dhèanamh dha na caoraich aig na tuathanaich mhòra bho dheas, agus esan e fhèin nam measg.

Bha Dòmhnall à Rosal ri mo thaobh mar a thàinig sinn a-mach à bothan an eich. Bha obair mar chlachair air a thoirt air cuairtean mu dheas agus bha Beurla aige, rud gu dearbh nach robh agamsa no aig mo nàbaidhean.

'Bha mi bruidhinn ris an t-sàtan tha sin air an each,' thuirt e agus a ghuth làn corraich. 'A bheil fhios agad dè thuirt e?'

Choimhead mi air le iongnadh. Chan fhaca mi riamh cho fiadhaich e.

'Dh'inns mi dha, Henrietta, gun robh do mhàthair san taigh air a' leabaidh agus cho sean 's a bha i agus nach b' urrainn dhi èirigh, agus a bheil fhios agad dè thuirt am mastaige, thuirt, "Damn her, the old witch, she lived too long, let her burn."'

'Tha mi duilich, dè thuirt e?'

'Duilich, tha mi dìochuimhneachadh, chan eil Beurla agad. Doirbh a chreidsinn, thuirt e, an t-seann bhana-bhuidseach gum bu chòir a damnadh, gun robh i air a bhith beò ro fhada, leig leatha losgadh.'

Chunnaic Dòmhnall gun robh mi air mo chlisgeadh leis na thuirt e. Bha e doirbh dhomh gabhail a-steach gum b' urrainn duine a bhith cho suarach ri a cho-chreutairean. Na nàbaidhean 's na daoine a dh'aithnichinn, bha iad còir coibhneil ri chèile. Ach an duine seo, as bith cò às a thàinig e, 's e fìor ùmpaidh a bh' ann, agus olc leis. Gu dearbh, bha mi air gu leòr sgeulachdan a chluinntinn mun trais bàillidh seo aig nach robh facal Gàidhlig na cheann, ach a bha a' coimhead oirnne a bha a' fuireach san àite mar sgudal an t-saoghail. Ach bha a bhith ga fhaicinn san fheòil agus na bha e ag ràdh ga thoirt dhachaigh thugam cho fìor olc 's a bha e.

Dh'fhàisg Dòmhnall mo làmh. 'Lùiginn a thachdadh,' thuirt e gu dian. 'Tha mi duilich, tha fhios againn uile gur e droch dhuine a th' ann. Tha eagal orm gu bheil sinn beò ann an linn far a bheil làmh-an-uachdair aig diabhail is buamastairean. Canaidh iad uachdarain is bàillidhean riutha. Ach thig an latha…'

Bha stad air a thighinn na ghuth. Chunnaic mi gun robh e a cheart cho troimh-a-chèile rium fhìn.

An latha ud, bha sinn uile, mi fhìn, Uilleam, mo phiuthar Seònaid agus a' chlann a' dol mun cuairt mar chreutairean air chall ann an ceò 's gun fhios againn dè a dhèanamaid. Ciorstag bhochd, bha i a' faireachdainn cho duilich airson a seanmhair. Am beagan airgid a bh' againn, bha sinn air a chall san teine. Bha iad air an taigh a leagail 's am mullach a losgadh. Cha robh ann ach an t-slige. Bha e brònach a bhith a' coimhead air na tobhtaichean. Dh'fheumadh sinn gluasad chun a' chosta, mar gu leòr eile. Cha robh fhios againn dè bha air thoiseach oirnn.

Ach bha aon nì cinnteach, dh'fheumadh mi fhìn agus Seònaid fuireach agus coimhead às dèidh mo mhàthar. Cha robh i air guth a ràdh on a chaidh a toirt a-mach às an taigh agus a cur sìos air an làr shalach ann am bothan an eich. Chan eil mi smaoineachadh gun robh i a' tuigsinn dè a thachair. 'S dòcha gun robh e a cheart cho math. Chaidh i bhuaithe beag air bheag. Mu dheireadh cha ghabhadh i fiù 's flichead de bhainne. Air a' chòigeamh latha às dèidh sgrios an taighe, dh'eug i.

Bha ar màthair, Maighread NicAoidh, a-nis anns an t-sìorraidheachd. B' ann mar sin a dh'fhàg sinn Bad an Loisgein, le corp mo mhàthar anns a' chairt.

An t-Aislingiche

BHIODH IAIN AN-CÒMHNAIDH ag aisling. Ach chan e aislingiche àbhaisteach a bh' ann idir. Bidh a h-uile duine ag aisling, ach cho luath 's a dhùisgeas iad bidh iad a' dìochuimhneachadh nan aislingean. Ach cha b' e sin Iain. Nuair a dhùisgeadh e chanadh e 'À, an aisling a bh' agam, nach robh siud iongantach.' No, 'Ò, nach robh siud eagalach!' Bhiodh e a' cur iongnadh air cho fìor 's a bha na rudan a bha e a' faicinn. Agus bha e fhèin a' gabhail pàirt anns na rudan a bha a' tachairt, mar gun robh e dha-rìribh ann an saoghal eile.

Anns a' mhadainn chanadh Sìne, a mhàthair, ris, 'Aidh, Iain, agus dè an aisling a bh' agad a-raoir?'

Uaireannan bhiodh e sàmhach mar nach robh e ag iarraidh an aisling innse. Mar dheugaire sam bith, bha rudan ann nach biodh tu ag iarraidh bruidhinn mu dheidhinn ri do phàrantan.

Ach a' mhadainn seo bha e deònach gu leòr bruidhinn mu dheidhinn an rud a chunnaic e.

'Chunnaic mi ainmear agus gnìomhair 's iad a' bruidhinn ri chèile.'

Rinn i gàire. 'Ò, Iain, dè idir a tha thu a' ciallachadh 'ainmear' agus 'gnìomhair', nach e rudeigin co-cheangailte ri gràmar a tha sin?'

''S e, 's e, ach an rud a chunnaic mise 's e creutair a bh' ann coltach ri Spiderman agus e a' streap suas togalach àrd. An uair sin thàinig e sìos gu talamh 's bha e a' dannsa. "Ha, hà", ghlaodh e, "is mise an gnìomhair, tha mi an-còmhnaidh a' gluasad." Bha sluagh mòr timcheall air ga choimhead agus bha e a' còrdadh gu mòr ris gun robh daoine a' toirt an aire dha.

"Tha thu gòrach," ars an togalach ann an guth mar

thàirneanach. "Bu chòir dhut a bhith nad ainmear coltach riumsa an àite a bhith a' ruith 's a' leum 's a' sreap bho àite gu àite. Chan eil fois a' dol ort. Tha thu gam fhàgail sgìth, a' coimhead ort. Seall ormsa, tha mi nam thàmh fad an latha. Chan eil càil a' dèanamh dragh dhomh. B' fheàrr leam gu suidheadh tu sìos."

"Chan urrainn dhomh suidhe, feumaidh mi a bhith a' gluasad. Is mise Spiorad a' Ghnìomhair. Tha mi nam charaid dhan dannsair, dhan obraiche, dhan uisge, dhan chàr, dhan phlèana – dad sam bith a tha a' gluasad. Bidh mi a' dol annta 's a' toirt orra gluasad."

"Is mise Spiorad an Ainmeir. Tha mi anns an togalach, anns a' chraoibh, anns a' chloich, anns an t-sèithear, càil sam bith nach eil a' gluasad. Chan eil gluasad sam bith annamsa. 'S toigh leam a bhith aig fois. A bheil thu a' tuigsinn?"

"Chan eil," fhreagair an gnìomhair agus chùm e air a' dannsa.

'H-abair aisling,' ars a mhàthair. Saoil dè th' annad fhèin, an e ainmear no gnìomhair?'

Bha fhios aige gun robh a mhàthair a' tarraing às agus gun robh fhios aice air an fhreagairt ged a chuir i a' cheist. Bha esan an-còmhnaidh a' gluasad, a' dèanamh rudan, a' cluiche diofar gheamannan mar bhall-coise agus iomain. Agus bha e uabhasach dèidheil air dannsa, dìreach mar a bha a mhàthair, aig an robh sgoil-dhannsa. Bha ise caol seang, mar a bha e fhèin, agus an-còmhnaidh a' dèanamh rudeigin. Cha bhiodh ise no esan aig fois ro fhada.

Rinn e gàire. 'Tha fhios agad glè mhath dè th' annamsa.'

Thàinig Ailean, athair, a-steach dhan rùm, duine mòr tapaidh a dhèanadh cho beag gluasaid 's a b' urrainn dha. Tron latha bha e ag obair mar chunntasair agus feasgar cha robh dad a b' fheàrr leis na suidhe a' leughadh leabhar no a' dèanamh tòimhseachan-tarsainn. Shuidh iad mun bhòrd airson am breacaist.

Sheall a bhean ris le snodha-gàire. 'An e ainmear no gnìomhair a th' annad?'

'Dè seòrsa cainnt tha sin, cho tràth sa mhadainn?' Thug e sùil aithghearr an taobh a bha Iain. 'Aisling eile?'

'Tha mi dìreach air innse dha Mam, cha robh ann ach rud gòrach.' Cha robh e ag iarraidh an aisling innse dha athair. Bha e air ionnsachadh nan innseadh e aisling dha athair gum biodh e a' tarraing às no a' dèanamh beagan magaidh.

Mhìnich Sìne an aisling dha.

Thog e a cheann bhon lite. 'Uèl, tha fhios againn cò an t-ainmear, nach eil?'

Thionndaidh e ri Iain, 'An e mise a bha thu ag aisling mu dheidhinn?' thuirt e gu h-aotrom.

Dh'fhàs Iain beagan nàrach. 'Ò, cha b' e idir, 's e dìreach aisling a bh' ann.'

Chuimhnich e an còmhradh a bh' aig a phàrantan o chionn latha no dhà. Còmhradh a bhiodh aca gu math tric. B' e Disathairne a bh' ann, latha brèagha earraich agus bha athair, mar bu dual dha, agus a shròn steigte ann an leabhar. Bha a mhàthair a' dol mun cuairt a' dannsa ri a faileas, a' glanadh, a' nighe agus a' fuine. Dad sam bith a gheibheadh i ri dhèanamh. Bha Iain a' faighinn deiseil airson a dhol a-mach gu ball-coise.

'Tha thu nad chulaidh-thruais,' thuirt a mhàthair ri athair, 'nach robh còir agad a bhith a-muigh mar a tha fir eile an àite a bhith nad shuidhe led cheann ann an leabhar?'

Thog e a cheann. 'Dè tha ri dhèanamh a-muigh?'

'Am buntàta ri chur, na luibhean rin togail, ceud rud eile. Ach suidhidh tusa an sin air do thòin.'

'An aon latha dheth a th' agam, 's beag an rud e ma leughas mi leabhar.' Chùm e air a' leughadh. Chaidh a mhàthair a-mach às an rùm le fruis.

'Tha mi falbh,' dh'èigh e riutha. Bha e cleachdte gu leòr ris a' chòmhradh ud. Thuig e gun robh a nàdar fhèin aig a h-uile duine. Bha athair math air cunntasachd agus uabhasach dèidheil air leughadh. Cha robh ùidh sam bith aige ann an gàirnealaireachd.

Air an làimh eile, cha robh tàladh sam bith dha mhàthair ann an leabhraichean no ann an saoghal na h-eanchainn. Bha ise practaigeach, agus gu dearbh bha i deas-làmhach nuair a thigeadh e gu obair-làimhe sam bith.

Oidhche no dhà às dèidh dha an aisling a bhith aige, bha aisling eile aige. Bha adhar gorm os a chionn. San adhar bha dubhain is bannan is bioranan-aodaich a' seòladh. Cha robh e a' tuigsinn an toiseach dè bha e a' ciallachadh gus am faca e boireannach a' cur aodach air ròpa agus gan ceangal sìos le bioranan. Agus an uair sin bha saor agus e a' ceangal dà phìos fiodha ri chèile le bann meatailt. Agus an uair sin iasgair a' crochadh èisg air loidhne le dubhain. Agus mu dheireadh tidsear a' sgrìobhadh an fhacail 'naisgear' air bòrd geal. À, smaoinich e, tha iad uile a' ceangal rudeigin ri rud eile dìreach mar a tha facail mar 'agus' agus 'oir' a' ceangal abairtean ri chèile no uaireannan a' ceangal ainmearan ri chèile.

Chunnaic e an uair sin taigh agus càr na shuidhe ri a thaobh. Chaidh e a-steach dhan taigh agus an sin bha bòrd agus air a' bhòrd bhàsa le flùraichean. An uair sin chunnaic e bogsa agus ball a' bonnsaigeadh a-mach 's a-steach às a' bhogsa. An uair sin thàinig dannsair agus thòisich i a' dannsa air a' bhòrd. Mu dheireadh chunnaic e tidsear agus sgrìobh i am facal 'roimhear' air bòrd geal.

Anns an aisling, bha na h-ìomhaighean seo uile a' tuirling 's ag èirigh fa chomhair. 'S ann nuair a dhùisg e a thuig e na b' fheàrr dè bha na h-ìomhaighean a' ciallachadh. Bha am boireannach 's an saor 's an t-iasgair uile a' ceangal rudan ri chèile, dìreach mar a bha naisgearan. Agus bha na h-ìomhaighean eile a' sealltainn nan ceanglaichean a bha roimhear a' dèanamh. Bòrd anns an taigh agus bhàsa fhlùraichean air a' bhòrd agus ball anns a' bhogsa agus dannsair air bòrd.

Anns a' mhadainn bha a mhàthair a' faighneachd mar a b' àbhaist, 'Agus dè an aisling a bh' agad a-raoir?'

Dh'inns e dhi an aisling a bh' aige.

'Tha mi smaoineachadh gu bheil mi a' tuigsinn,' thuirt i. Bidh naisgearan a' ceangal abairtean no ainmearan ri chèile, agus bha na h-ìomhaighean a chunnaic thu a' sealltainn gu bheil iad coltach ri bioranan agus bannan agus dubhain a tha a' ceangal rudan ri chèile.

'Sin dè tha mise a' smaoineachadh, agus na h-ìomhaighean eile a' sealltainn mar a tha roimhearan ag obair, an dàimh a tha eadar diofar rudan. Càr aig taigh, bòrd anns an taigh agus bhàsa agus dannsair air a' bhòrd.'

Bha i sàmhach airson tiota. Thàinig sealladh fad às na sùilean. 'Ach saoil an urrainn naisgear no roimhear ceangal a dhèanamh eadar gnìomhair agus ainmear?'

Rinn e gàire. ''S urrainn roimhear, "suidh air an t-sèithear". Chan eil mi cho cinnteach mu dheidhinn naisgearan. Tha iad sin a' ceangal abairtean no seantansan ri chèile.'

Bha e a' tuigsinn na bha a' dol tro a h-inntinn.

'Mam, tha a nàdar fhèin aig a h-uile duine, sinne nar gnìomhairean agus dad na ainmear. Fàg e mar a tha e. Chan urrainn dhut atharrachadh. Faodaidh roimhear ur ceangal ri chèile. "Tha gaol ann eadaraibh".'

Dh'èirich i bhon bhòrd 's thug i pòg dha air a' ghruaidh. 'Tha thu cho glic. Uaireannan, tha aislingean feumail. Tapadh leat airson na h-aislingean seo innse dhomh.'

Thàinig athair a-steach agus shuidh e aig a' bhòrd. Bha fiamh-ghàire air aodann.

'Aisling eile an e?'

Cha tuirt duine den dithis aca guth, ach bha faireachdainn mhath eatarra.

Mar a Bhruidhneas Cuimhne

SHEATLAIG AN DR SANDAIDH MacDhòmhnaill e fhèin sìos ann an suidheachan air a' phlèana. Bha e a' fàgail Thoronto air a chùlaibh, baile far an robh e air a bhith a' fuireach agus ag obair airson còrr agus dà fhichead bliadhna, agus e a' dèanamh air baile a bhreith is àraich ann an Alba. Nuair a thòisich e ag obair mar dhotair ann an Toronto na bliadhnaichean mòra ud air ais, b' àbhaist dha a bhith a' tadhal air an t-seann dùthaich a h-uile bliadhna. Ach nuair a chaochail a mhàthair o chionn dà fhichead bliadhna agus an uair sin athair o chionn còig-deug air fhichead bliadhna, sguir e a dhol ann. Cha robh duine dhe na dlùth-chàirdean aige air fhàgail agus bha e air a chumail a' dol leis an obair aige san ospadal.

A-nise, ge-tà, bha e air a dhreuchd a leigeil dheth agus bha e a' smaoineachadh gum bu toigh leis Lag nam Beann fhaicinn aon uair eile. Cuideachd, bhiodh e math faighinn air ais a dh'Alba. Cha robh dad a' cur bacadh air a-nis agus e air fhàgail na bhanntrach nuair a chaochail a bhean le aillse naoi mìosan air ais. Bha an dithis nighean air an nead fhàgail o chionn fhada. Agus bha rud eile a' dèanamh dragh dha, an seann taigh, cò ris a bhiodh e coltach. Cha robh e air fhaicinn o chaochail athair.

Ged a bha e air a dhachaigh a dhèanamh ann an Canada, bha àite aig an t-seann dùthaich na chridhe. Bhiodh e tric a' smaoineachadh air cho eadar-dhealaichte 's a bha am baile-mòr anns an robh e, dùmhail le togalaichean àrda, agus slòigh ann bhon a h-uile ceàrnaidh den t-saoghal. Carbadan agus daoine an-còmhnaidh a' ruith air ais 's air adhart. Agus Lag nam Beann, am baile beag croitearachd sin. 'S e bh' ann ach fàsach an coimeas ris. Ri a' chiad chuimhne cha robh ann ach ochd taighean. Cha robh càr ach aig aon duine, Ailean Dearg, an t-iasgair, aig an robh Morris Minor dubh. Bha e duilich nach robh e air cumail suas ris na naidheachdan bhon taigh 's cha robh fios aige dè bhiodh ma choinneamh nuair a ruigeadh e am baile. Cha robh aige ach cuimhne air na seann làithean.

Bheireadh an turas à Toronto gu Glaschu còrr agus deich uairean a thìde. Bha am plèana a' dol a Lunnainn an toiseach agus às an sin gheibheadh e plèana eile a Ghlaschu. Dh'fhastaidheadh e càr aig a' phort-adhar airson na h-ùine a bhiodh e ann an Alba. Dhùin e a shùilean, ach chan fhaigheadh e cadal. Bha inntinn a' dol air ais gu òige ann an Lag nam Beann.

'S e an taigh acasan a' chiad taigh anns a' bhaile, taigh àbhaisteach Gàidhealach le dà rùm shìos an staidhre agus dà rùm shuas le uinneagan dòrmair. Bha athair ag obair leis a' Chounty, a' càradh nan rathaidean, agus bha a mhàthair na tidsear anns a' bhun-sgoil. Cha robh teaghlach aca ach e fhèin, rud a bha a' ciallachadh gun deach an taigh fhàgail aigesan. Bha nàire air a' smaoineachadh nach do rinn e dad mu dheidhinn. Chan eil fhios dè an staid anns am biodh e a-nis, ach chitheadh e nuair a ruigeadh e.

Chuimhnich e mar a bha daoine beò nuair a bha e òg. Bha a h-uile teaghlach sa bhaile le caoraich, mart no dhà, agus glè thric, cearcan. Faisg air gach taigh, bha a' chruach-mhòna airson connadh, ged a bhiodh cuid a' faighinn gual cuideachd. Agus pìos beag bhon taigh bhiodh an iodhlainn airson nan cruachan feòir agus arbhair. An ath dhoras dhaibh, bha Iain an Fhìdhleir, duine sèimh, sìochail le sgeulachdan bhon àm a chuir e seachad aig muir. Aig àm an fhogharaidh bhiodh e ga chuideachadh leis an fheur, ga ràcadh agus a' dèanamh chocannan. Bhiodh cigarette aige an-còmhnaidh na bheul.

Smaoinich e air na taighean eile sa bhaile, taigh às dèidh taigh. Ruairidh Cìobair agus a bhean Sìne ann an àireamh a trì. Ruairidh, bha esan na chìobair dhan oighreachd. Bha sianar theaghlach aca agus bha am mac Rob mun aois aige fhèin. Gu math tric bhiodh iad a' cluich còmhla, agus nuair a bha iad na bu shine bhiodh iad a' dol a dh'iasgach, agus uaireannan a phoidseadh air an abhainn. Coltach ris fhèin, chaidh Rob dhan oilthigh, far an do rinn e einnseanaireachd ach cha robh fios aige càit an robh e a-nis. Bha e air na ceanglaichean ris a chall nuair a dh'imrich e a Chanada.

Ann an àireamh a ceithir bha Teàrlach Mòr, an saor, agus Oighrig a bhean agus bha dithis chloinne aca, Gilleasbaig agus Ealasaid. 'S e èildear san Eaglais Shaoir a bh' ann an Teàrlach agus e na dhuine trom-chùiseach, socair. Bha guth math seinn aige 's bhiodh e a' preseantadh san eaglais. Ann an àireamh a còig bha na Frisealaich, Ailean Dearg, a bha na iasgair agus Annag a bhean. Bha cuimhne mhath aige air a' ghille aca Ailig, Ailig Ruadh, an aon aois ris fhèin. Bhiodh iad a' cluich ball-coise às dèidh na sgoile còmhla ris na gillean eile. An triop mu dheireadh a chunnaic e e, b' ann aig tiodhlacadh athar. Bha e na iasgair mar a bha athair agus e air ùr phòsadh.

Bha àireamh a sia caran annasach, le craobhan giuthais air a bheulaibh. 'S e dithis sheann pheathraichean a bha a' fuireach ann 's cha robh iad a' tighinn a-mach ach corra uair. Bha na h-uinneagan le lìon orra 's iad gu math salach, a' dèanamh cinnteach nach fhaiceadh duine a-staigh. Sa gheamhradh nuair a bhiodh e dorcha, bhiodh e fhèin is Rob is Ailig a' dìdearachd tron uinneig, ach 's e glè bheag a chitheadh iad – dìreach ìomhaighean sgleòthach de dhà chailleach nan suidhe aig an teine a' fighe.

Ann an àireamh a seachd bha Seonaidh Peutan agus a bhean Màiri Dhonn. Bha an taigh acasan nas motha nan àbhaist agus bhiodh iad a' dèanamh leabaidh is bracaist. 'S e an aon taigh sa bhaile le clàr air a bheulaibh agus ainm air. Bha e ga fhaicinn mar gum b' ann an-dè a bh' ann, *An Grianan* ann an litrichean gleansach dearg agus an clàr fhèin geal. Bha na Peutanaich gu math càirdeil. Uair sam bith a dheigheadh e ann, gheibheadh e cupa tì agus cèic.

Ach cha bhiodh iad a' dol faisg air àireamh a h-ochd, an taigh mu dheireadh sa bhaile, far an robh Annag, an goistidh, a' fuireach. Cha robh i riamh air pòsadh agus cha robh dad a b' fheàrr leatha na bhith a' dol bho thaigh gu taigh a' toirt naidheachd seachad agus a' sireadh naidheachd. Ach cha robh gamhlas aig duine na h-aghaidh. Bha iad dìreach a' gabhail ris gum b' e siud a nàdar agus nach b' urrainn dhi a leasachadh.

Bha e toilichte gun robh cuimhne cho math aige air an t-seann bhaile. Leis na smaointean sin a' ruith na cheann, mu dheireadh thuit e na chadal, agus nuair a dhùisg e bha iad a' tighinn faisg air Heathrow. Às an sin fhuair e plèana a Ghlaschu far na dh'fhastaidh e an càr a bheireadh e gu Lag nam Beann. Bha e sgìth às dèidh siubhal agus dh'fhuirich e an oidhche ann an taigh-òsta faisg air a' phort-adhair.

Sa mhadainn bha e deiseil airson a' cheum mu dheireadh den t-slighe a bheireadh e dhan Eilean Sgitheanach agus Lag nam Beann. Thug e an aire gun robh na rathaidean fada na bu trainge na bha iad an turas mu dheireadh a bha e ann an Alba aig tiodhlacadh athar. Agus cha robh mòran pisich air tighinn orra. Bha an rathad ri taobh Loch Laomainn a cheart cho cumhang 's cho cunnartach 's a bha e riamh. Ach aon uair 's gun d' fhuair e seachad air sin, cha robh cùisean cho dona. Leig an rathad fada chun an Eilein leis smaoineachadh air dè dh'fhaodadh a bhith a' feitheamh ris. Cia mheud dhe a chomhaoisean a bhiodh sa bhaile? Tha fhios gum biodh cuid dhiubh ann fhathast. Bha e an dòchas gu h-àraidh gum biodh Rob no Ailig ann, na caraidean a bh' aige nuair a bha e san sgoil.

Ach cò aige tha fios, 's dòcha nach biodh gin de a sheann charaidean ann. Bha e a' tachairt sa h-uile àite, daoine a' gluasad bhon dùthaich dha na bailtean mòra. Nach robh Toronto na dheagh eisimpleir air sin, le daoine a' sruthadh a-steach ann bho air feadh an t-saoghail. Bha còrr is 200 cinneadh eadar-dhealaichte ann. Dh'fhaodadh tu a bhith cinnteach gun robh mòran dhiubh sin bho sgìrean dùthchail. Agus air a' Ghàidhealtachd nach robh an aon rud a' tachairt, aig daoine ri gluasad dha na bailtean-mòra airson foghlam agus obair. Chan eil fios cò bhiodh air fhàgail ann an Lag nam Beann.

Bha an rèidio aige air, Radio nan Gàidheal, nach robh sin annasach. Nuair a bha esan òg cha robh Gàidhlig air an rèidio idir. Nach e cùisean a bha a' tighinn am feabhas, stèisean aig na Gàidheil dhaibh fhèin. 'S e prògram le òrain Ghàidhlig a bh' ann agus bha e gu math iomchaidh an t-òran a bha a' cluich agus e a' tighinn faisg air an Eilean, 'Fàilte don Eilean Sgitheanach'. Bha na loidhnichean ann:

'*Chì mi an Cuiltheann*
Mar leòmhann gun tioma
Le fheusag den t-sneachd
Air a phasgadh ma cheann.'

Bha e a' tighinn faisg air a' Chaol agus chitheadh e An Cuiltheann air fàire, ged nach robh pioc sneachda air na mullaich, rud nach robh na iongnadh seach gur e meadhan an t-samhraidh a bh' ann.

Chunnaic e an uair sin an drochaid, rud nach robh ann an turas mu dheireadh a bha e aig an taigh. Chòrd e ris nach biodh aige ris a' bhàt'-aiseig fhaighinn. Bha cuimhne aige an turas mu dheireadh gun robh aige ri feitheamh ann an ciutha airson greis. Ach cha robh an turas seo, bha e seachad air a' chaolas ann a dhà no trì mhionaidean.

Cha b' fhada gus an do ràinig e Lag nam Beann. B' e an taigh aige fhèin a' chiad taigh gun tàinig e. Thàinig stad air 's e a' tighinn a-steach air gur ann leis-san a-nis a bha an taigh. Às dèidh bàs athar, bha e air fhàgail an seo a' dol a dholaidh 's gun e air dad a dhèanamh mu dheidhinn. Thàinig suailichean a' chionta thairis air. Thàinig an seanfhacal thuige, "Is sàmhach an obair dol a dholaidh". B' ann mar sin a bha, bha na bliadhnaichean a chaidh fhàgail gun duine ann air milleadh a dhèanamh air an taigh.

Thug e an aire gun robh sglèataichean a dhìth air a' mhullach agus bha am peant air tighinn dhe na ballachan agus den doras aghaidh. Chuir e an iuchair sa ghlais. B' ann air èiginn a fhuair e air an doras fhosgladh; cha robh an iuchair ag iarraidh tionndadh 's bha an doras fhèin a' sgreuchail. B' ann nuair a chaidh e dhan t-seòmar-suidhe a chunnaic e am milleadh a chaidh a dhèanamh. Bha droch-bholadh na dampachd a' bualadh a chuinnleanan, a h-uile oisean air a dhol uaine no dubh. Bha an seòmar dìreach mar a dh'fhàg e e air latha an tiodhlacaidh o chionn còig-deug air fhichead bliadhna air ais. Chuimhnich e mar a bha e cho toilichte faighinn air falbh, air ais gu obair san ospadal ann an Toronto far an robh e a' faighinn air adhart cho math. Cha tàinig an smuain thuige gur e rud math a bhiodh ann fuireach ann an Lag nam Beann. Thog e Bìoball mòr bhon sgeilp ri taobh an teine. Bha e far an do dh'fhàg athair e. Dh'fheuch e ri fhosgladh, ach bha na duilleagan air steigeadh ri chèile. B' e a' chofhurtachd mu dheireadh a bh' aig athair, a bhith a' leughadh a' Bhìobaill.

Thug e sùil aithghearr anns a' chòrr den taigh, ach cha robh ann ach an aon sgeul – dust agus dampachd nam bliadhnaichean. Cha b' urrainn dha an còrr ùine a chur seachad ann, dh'fheumadh e èadhar fhaighinn. B' e latha grianach blàth a bh' ann agus ghabh e làn a sgamhain den àile ghlan. Bha e na fhaochadh dha faighinn air falbh bhon lobhadh agus à taigh aig an robh uiread de chuimhneachain dha.

Ghabh e cuairt mun taigh. Sealladh brònach eile. Bha croit a' dol leis an taigh agus bha i a' cur thairis le luachair, agus ann an àiteachan eile bha raineach a' tòiseachadh a' brùchdadh. Anns an iodhlainn, chitheadh e na làraichean far am b' àbhaist na cruachan-arbhair agus feòir a bhith, agus aig cliathaich an taighe bha bun na cruaiche-mòna dìreach mar a dh'fhàg athair i. Dh'fhairich e na deòir a' tighinn gu a shùilean. Bha an tìde aige falbh, cha robh na seallaidhean ach ga fhàgail dubhach. Dh'fheumadh e sgrìob a thoirt tron bhaile.

Chaidh e air ais chun a' chàir agus ghabh e sìos an rathad air a shocair. Cha robh e a' faicinn cruach-mhòna aig taigh sam bith, no eadhon lod guail aig cliathaich an taighe mar a b' àbhaist a bhith aca fhèin. An àite sin bha tancaichean airson ola aig cuid de na taighean. Cha robh sgeul nas mò air cruachan-arbhair no feòir, ach air feadhainn de na croitean bha bèilichean dubha. Ach an rud bu mhotha a bhuail air 's e mar a bha ainmean air cuid mhath dhe na taighean agus cho lom, sgiobalta, flùranach 's a bha iad timcheall orra. Bha e soilleir bho ainmean nan taighean gun robh iad aig srainnsearan.

Bha an taigh an ath dhoras, a bha uair le Iain an Fhìdhleir, leis an ainm *Cuckoo Cottage*, agus àireamh a trì, an taigh a bh' aig Ruairidh Cìobair, far an robh a charaid Rob a' fuireach, leis an ainm *Ivy Cottage*. Bha taigh Theàrlaich Mhòir leis an ainm *The Pines*. Bha na h-ainmean ag innse an sgeulachd fhèin. Ach a' dol seachad air àireamh a còig, leum a chridhe le toileachas. Bha bàta agus clèibh-ghiomach aig cliathaich an taighe, agus cha robh ainm air an taigh. Ailig Ruadh, mac Ailein Dheirg, aon de a charaidean nuair a bha e òg, feumaidh gun robh e fhathast beò. 'S e iasgair a bh' ann, mar a bha na athair. Dh'fheumadh e tadhal air.

Chùm e air seachad gu ceann shuas a' bhaile. Bha an taigh seachad air taigh Ailig, far an robh na peathraichean Mòr agus Ceit a' fuireach, coltach ris an taigh aige fhèin, salach, aognaidh, mar a dh'fhàg na bliadhnaichean e. Cha robh truas aig tìm ri taigh, mar nach robh truas aice ri duine. Ach bha na craobhan giuthais fhathast anns a' ghàrradh, ach gun robh aon dhiubh air tuiteam. Bha an taigh an ath dhoras, *An Grianan*, far am biodh Màiri Dhonn chòir a' dèanamh leabaidh agus bracaist, a' coimhead cho spaideil 's a bha e riamh, ach bha ainm ùr air, *Willow Cottage*. Chaidh gath tro a chridhe a' smaoineachadh air

Màiri chòir agus air Seonaidh an duine aice. Thàinig e chun an taigh' mu dheireadh far an robh Annag, an goistidh, a' fuireach. Bha ainm ùr airsan cuideachd, *Fox Hollow*, agus gu h-annasach, bha ìomhaigh de bheathaichean anns a' ghàrradh, nam measg sionnach agus dobhar-chù.

Thionndaidh e an càr agus stad e aig taigh Ailig Ruaidh. Gnog e air an doras. Bha e a' cluinntinn sporghail bho bhroinn an taighe, agus an uair sin dh'fhosgail an doras… Gu math nas sine, a cheann air maoladh, aodann ruiteach, beagan lurcan, ach 's e Ailig a bh' ann.

'A dhuine bhochd, Sandaidh Calum Sheòrais!' na ciad fhacail a thàinig bhuaithe, 'do bheatha dhan dùthaich 'ille.' Bha iongnadh nach bu bheag sgrìobhte air aodann.

Shìn e a làmh dha agus chuir e fàilte chridheil air. 'Thig a-staigh, thig a-staigh, gus am faigh mi do naidheachd.'

Dh'inns e dha fàth a thurais, gun robh e ag iarraidh an seann bhaile fhaicinn, agus a-nis gun robh e air a dhreuchd a leigeil seachad, agus gun robh tìde aige sin a dhèanamh.

Choimhead Ailig air gu feòrachail. 'Agus dè tha thu a' smaoineachadh?'

'A' smaoineachadh?'

'Den bhaile…'

'Chan eil e mar a bha e…'

Rinn Ailig gàire. 'Faodaidh tu sin a ràdh! Chan eil ann ach mi fhìn a bhuineas dhan àite air fhàgail, srainnsearan agus taighean a' grodadh mun cuairt orm.'

Bha na facail mu dheireadh mar ghlamhadh na fheòil. 'Agus Eilidh…?' Cha mhòr gun leigeadh e a leas a bhith air faighneachd. Cha robh aige ach sùil a thoirt mun cuairt an rùim anns an robh iad nan suidhe. Cha bhiodh boireannach air fhàgail cho mì-sgiobalta, smaoinich e.

'Chan eil i beò, chaochail i ceithir bliadhna air ais, aillse, tha eagal orm.'

'Tha mi glè dhuilich sin a chluinntinn.'

Dh'inns e dha gun robh e fhèin na bhanntrach cuideachd, agus bha iad a' toirt co-fhaireachdainn dha chèile. Ach cha b' fhada gus an deachaidh an còmhradh air ais gu staid a' bhaile fhèin. Bha an òigridh air fhàgail, Iain a mhac fhèin nam measg. Bha e ann an Afraga a Deas ag obair do ghnothachas agus cha robh fhios aige an tilleadh e gu bràth. Rinn Rob, mac Ruairidh Cìobair, eilthireachd gu na Stàitean Aonaichte, far an robh e na einnseanair. Chaidh na taighean uile a reic ach an taigh aige fhèin, àireamh a h-aon, agus àireamh a sia far am biodh Mòr agus Ceit a' fuireach. Cha robh Gàidhlig aig duine sa bhaile ach e fhèin.

An robh e aonranach dha a bhith a' fuireach ann?

Thàinig sgleò air sùilean Ailig. 'Dè tha thu fhèin a' smaoineachadh? 'S e lighiche a th' annad.'

'Tha mi a' tuigsinn,' thuirt Sandaidh air a shocair. Bha a' cheist a chuir e caran gòrach.

'An tigeadh tu fhèin air ais a dh'fhuireach an seo?'

Thuirt e nach tigeadh, gun robh e air freumhan a chur sìos ann an Toronto. Cha robh dlùth-chàirdean aige ann an Alba, agus mar sin, cha robh adhbhar ann dha tilleadh. Smaoinich e air an taigh spaideil a dh'fhàg e ann an Canada, na caraidean agus a' bheatha chofhurtail a bh' aige ann an sin. 'S e gòraich a bhiodh ann dha tilleadh gu àite mar Lag nam Beann, ged nach tuirt e sin ri Ailig. Bhruidhinn iad mu an òige agus cho sona agus a bha an t-àite an uair sin agus mar a bha e air atharrachadh cho mòr. Dh'inns e dha mar a bha aon rud a' dèanamh dragh mòr dha, 's e sin mar a bha e air an taigh 's a' chroit fhàgail agus iad a' dol a dholaidh.

Bha snodha-gàire air Ailig, 'Tha do chogais a' cur dragh ort.'

'Tha thu ceart, gu h-àraidh às dèidh an rud a thuirt m' athair rium an turas mu dheireadh a chunnaic mi e. Thuirt e, "Bidh mi a' fàgail an taighe 's a' chroit nad chùram-sa." Agus seall mar a tha iad a-nise.'

'Nach b' urrainn dhut an taigh a chàradh agus taigh-samhraidh a dhèanamh dheth? Dh'fhaodadh tu tighinn a h-uile samhradh.'

'Bhiodh sin air mo chogais cuideachd, ga fhàgail falamh leth na bliadhna agus daoine feumach air taighean.'

Mhìnich e dha Ailig dè bha e ag iarraidh a dhèanamh. Bha e airson an taigh agus a' chroit a chur na ainm-san. Cha robh an taigh no a' chroit gu feum sam bith dhàsan agus cha bhiodh e ach ga ghonadh nam fàgadh e cùisean mar a bha iad. Dè a b' fheàrr na fhàgail aig an duine mu dheireadh le Gàidhlig ann an Lag nam Beann? Cha mhòr nach do thuit Ailig den t-sèithear. Bha an tairgse air tighinn air mar chloich às an adhar.

'A dhuine bhochd, gun sealladh sealbh orm, an ann às do chiall a tha thu?'

'Chan ann idir. Dè as urrainn dhomh a dhèanamh ach a thoirt do chuideigin às an àite. Nan reicinn e, chan eil fhios cò a gheibheadh e. Tha e leatsa, a charaid. Rud eile, chan eil feum agamsa air airgead, tha airgead gu leòr agam.'

Chaidh an còmhradh air ais 's air adhart airson uair a thìde no dhà, agus ged a bha Ailig làn mì-chinnt, thàinig iad mu dheireadh gu aonta. Bha crathadh làimh ann agus drama agus dh'aontaich iad gur ann le Ailig a bhiodh a' chroit agus an taigh. Aon latha 's dòcha gun tigeadh Iain a mhac, air ais agus gun dèanadh e a dhachaigh ann an Lag nam Beann.

An oidhche sin, dh'fhuirich Sandaidh san taigh aig Ailig 's bha iad a' crac gu uairean beaga na maidne.

An Naidheachd bho Mhàrs

'MARS IS BRAW in Crammasy, Venus in a green silk goun', chanadh esan, agus dhèanadh iad gàire. 'None for thee a thochtie sparin, Earth thou bonnie broukit bairn', chanadh Cindy. B' e ise a thuirt ris-san na loidhnichean bhon dàn aig MacDiarmaid an toiseach. A-nis gun robh iad air Màrs, chùm na loidhnichean a' tighinn air ais thuice, gu h-àraidh 'Earth thou bonnie broukit bairn'. Gu dearbh cha robh dad a chòrdadh na b' fheàrr rithe na bhith air ais air an t-saoghal a dh'fhàg iad. Bha iad air talamh Mhàrs gun teagamh, ach cha robh coimeas aig a' phlanaid dheirg seo ris an talamh uaine a dh'fhàg iad.

Choimhead i a-mach air uinneag Mharsraker, an speur-aonad anns an robh an dachaigh aca. Chitheadh i Dez na speur-dheise air uachdar na tìre, tìr ruadh-ghlas chlachach, thioram a' sìneadh gu fàire. Bha e ag obair le ionnsramaid, a' cruinneachadh ùir airson sgrùdadh a dhèanamh air. Dè am feum, smaoinich i, cha bhiodh ann ach puinnsean co-dhiù. Bha i air a thighinn chun a' cho-dhùnaidh gur e gòraich a bha air a bhith ann a h-ainm a chur air adhart airson an turais. Seachd mìosan air an speur-shoitheach, Marsship, a' siubhal aig còrr agus fichead mìle mìle san uair. Chitheadh i an saoghal brèagha gorm a' fàs na bu lugha agus na bu lugha, gus an robh e mu dheireadh mar aon de na reultan. Agus thòisich cianalas uabhasach ga bualadh.

An toiseach cha do dh'innis i dha Dez mar a bha i a' faireachdainn, ged a dh'fhaodte gun robh fios aige, oir b' e deagh charaidean a bh' annta. Bhiodh i tric a' smaoineachadh air mar a choinnich iad nuair a bha iad nan oileanaich ann an Oilthigh Chaltech ann am Pasadena, ise a' dèanamh bith-eòlas agus an uair sin einnseanaireachd agus esan a' dèanamh chuspairean saidheansail agus matamataig. Fhuair iad air adhart gu math le chèile, gu h-àraidh nuair a dh'ionnsaich iad gun robh ceangal aig an sinnsirean anns an 19mh linn ri Alba, esan air taobh athar ri Leòdhas agus ise air taobh a màthar ris Na Hearadh.

Às dèidh dhaibh ceumnachadh, chaidh ise a dh'obair do NASA agus esan do Dhòmhnall Task, no Am Bodach, mar a bh' aige air, duine cho beairteach 's a bh' air an t-saoghal. Bha companaidh aig a' Bhodach air an robh Starscape agus 's e am prìomh amas a bh' aige colonaidh a chruthachadh air Màrs. Ach mus tachradh sin dh'fheumadh a' chiad daoine a dhol dhan phlanaid airson deuchainnean a dhèanamh air an ùir agus air an àile, agus gu cinnteach 's e deuchainn a bhiodh ann air na tùsairean cuideachd. Dè cho furasta 's a bhiodh e dhaibh tighinn beò air an t-saoghal choimheach ud? Am biodh buaidh aig rèididheachd air an cuirp? Ciamar a sheasadh na cnàmhan aca ri iom-tharraing na planaid nach robh ach le 38% de iom-tharraing an t-saoghail a dh'fhàg iad? Am biodh e comasach dhaibh uisge fhaighinn às an ùir a' cleachdadh DT3, inneal a bh' aca sa charbad airson uisge a shìoladh à ùir? Bha ceud ceist ann a dh'fheumte a fhreagairt mus deigheadh colonaidh a stèidheachadh. Agus b' iadsan na tùsairean, a' chiad daoine a-riamh a chuir cas air Màrs.

Nuair a chunnaic i an sanas aig Starscape airson dithis speuradairean, b' e aon de na ciad rudan a rinn i fònadh gu Dez. Bha fios aice gum biodh ùidh aigesan ann. Agus gu dearbh bha, bha e air an sanas fhaicinn agus bha e air tagradh a chur a-steach a-cheana airson na h-obrach. Cha do chuir sin iongnadh sam bith oirre. 'S iomadh còmhradh a bha air a bhith aca mu speur-shiubhal agus cho math 's a bhiodh e a dhol gu Màrs.

'A bheil thu a' tighinn còmhla rium?' bha e air a ràdh le gàire.

'Chan eil càil a dh'fhios,' b' e a thuirt i.

An oidhche sin fhèin bha i air suidhe sìos agus tagradh

ullachadh. Ged a bha beagan eòlais aice air speur-shiubhal còmhla ri NASA, cha robh dùil sam bith aice gum biodh i soirbheachail. Bha i deimhinnte gum biodh na ceudan a-steach airson na h-obrach, agus i fhèin eòlach air mòran aig am biodh ùidh na leithid. Mar sin, b' ann a chuir e iongnadh oirre nuair a fhuair i fios airson agallamh. Cha do chuir e iongnadh sam bith oirre gun d' fhuair Dez agallamh. Bha e air a bhith chun na gealaich mu thràth còmhla ri Starscape agus bha eòlas nach bu bheag aige air dad sam bith co-cheangailte ris na speuran.

Bha aca ri feitheamh cola-deug mus cuala iad guth bho Starscape. B' e Dez a fhuair fios an toiseach gun robh e air a bhith soirbheachail. Dh'fhòn Am Bodach fhèin thuige a dh'innse na naidheachd dha. Bha e cho toilichte ri rìgh. Nach e sin a bha e air a bhith ag iarraidh a dhèanamh bho òige. Chuir e teacs thuice a dh'innse na naidheachd dhi. Goirid às dèidh sin, dh'fhòn Am Bodach thuicese a dh'innse dhi gun robh i soirbheachail. Thàinig e oirre mar chloich às an adhar. Chuir e a leithid de dh'iongnadh oirre 's gun do thuit an cupa cofaidh às a làimh. Bha aice ri i fhèin a chiùineachadh agus leigeil oirre nach do chuir an naidheachd dragh sam bith oirre, ach gun robh i fìor thoilichte. Thuirt e rithe gum faigheadh i litir a' daingneachadh na thuirt e rithe agus gum biodh coinneamh ann leis fhèin agus leis an sgioba ann an dhà no trì làithean.

B' ann nuair a thàinig i den fòn a thòisich an naidheachd a' drùdhadh oirre. 'S e deagh charaid a bh' ann an Dez, ach cò ris a bhiodh e coltach a bhith còmhla ris air speur-shoitheach airson seachd mìosan a' dol gu Màrs, dhà no trì mìosan air a' phlanaid agus seachd mìosan eile a' tilleadh. Cha robh romans air a bhith eatarra riamh. Cha b' e sin an seòrsa càirdeis a bh' aca dha chèile ach càirdeas a bha ag èirigh às an ùidh a bh' aca san fhànas agus anns na speuran. Bha an dithis aca a' creidsinn gu mòr gum bu chòir an cinne-daonna a bhith a' dèanamh oidhirp a dhol gu planaidean eile agus tuineachadh annta. Nan deigheadh an saoghal seo a sgrios le astaroid, rud a dh'fhaodadh tachairt, bhiodh co-dhiù teans ann gum faodadh an cinne-daonna cumail a' dol.

Bha i air cuireadh fhaighinn. Nach robh dleastanas oirre an turas seo a choileanadh. Dh'fhòn i Dez a dh'innse dha gun d' fhuair i an obair. Bha e sàmhach airson tiotan. An uair sin rinn e lasgan gàire.

''S ann a' spòrs a tha thu!'

'Chan ann, chan ann, an fhìrinn ghlan a th' agam.'

Thug e greis mus do thòisich e ga creidsinn. Bha e cho iongantach gun d' fhuair an dithis aca, a bha nan caraidean, an obair mhìorbhaileach seo. Nuair a dhrùidh e air gun d' fhuair i dha-rìribh an obair, bha e a' leum ri fhaileas. Bha e a' dèanamh fiughair gu mòr ri a coinneachadh aig Spacecity, baile agus prìomh-ionad a' Bhodaich às am biodh na rocaidean a' fàgail airson a dhol gu fànas, ann am beagan làithean.

Bha na mìosan às dèidh sin air a bhith trang agus mòran ullachaidh aca ri dhèanamh airson na slighe chunnartaich a bha romhpa. Cha b' e dìreach eòlas fhaighinn air an rocaid, agus air an speur-ionad, Marsraker, anns am biodh iad a' fuireach fhad 's a bhiodh iad air Màrs, bha aca cuideachd ri dhol tro iomadh deuchainn cuirp agus inntinn airson dèanamh cinnteach gun robh iad fallain gu leòr. Chaidh iad tro iomadh agallamh agus ceasnachadh le eòlaichean-inntinn agus iad a' tomhas dè cho freagarrach 's a bhiodh e an dithis aca a bhith leotha fhèin còmhla am broinn speur-shoitheach airson ùine cho fada. Bha e nam fàbhar gur e caraidean a bh' annta agus gun robh iad eòlach air a chèile mu thràth.

Nuair a thàinig an latha mòr, chaidh a h-uile càil gu math agus ghluais Marsship air a shocair a-mach à iom-tharraing an t-saoghail agus e an uair sin a' dol nas luaithe agus nas luaithe gus an robh e mu dheireadh aig luaths còrr agus fichead mìle mìle san uair a' dèanamh air a' phlanaid dheirg. Chitheadh iad an saoghal an toiseach mar chruinne brèagha gorm agus geal a' dol nas fhaide bhuapa gach mionaid, a' fàs na bu lugha agus na bu lugha. Mu dheireadh cha robh ann ach mìr solais mar na rionnagan eile. Bha iad leotha fhèin. B' ann an uair sin a dh'fhairich i an cianalas a bu mhiosa a dh'fhairich i riamh. Bha iad leotha fhèin ann an dorchadas na cruinne-cè agus an saoghal sìorraidheachd air falbh bhuapa.

A-nise bha iad air Màrs agus bhiodh iad ann airson fichead latha eile. Thug i sùil a-mach air an uinneig bhig a-rithist. Chunnaic i gun robh Dez a' dèanamh air Marsraker. Dh'fheumadh i an doras a-muigh fhosgladh dha, an uair sin a dhùnadh agus an doras a-staigh fhosgladh. Bha mòr-chùram a dhìth nuair a bhathar a' fosgladh nan dorsan. Nam biodh aoidion sam bith ann bhiodh i cho marbh ri sgadan. Bha an àile taobh a-muigh na dachaigh aca puinnseanta, a' chuid as motha dheth 's e CO_2 a bh' ann ach bha gasaichean salach eile ann cuideachd mar charbon aon-ogsaid. Agus air an taobh a-muigh bha e puinnseanta fuar. Thug i an aire gun robh an teòthachd aig – 63 C. Gun deise a bha ga dhìon bhon fhuachd cha bhiodh teans aige faighinn air ais beò.

Chuidich i e an deise a thoirt dheth agus casan na deise a ghlanadh. Bha sin cudromach airson an dìon fhèin bho na puinnseanan a bha san ùir.

'Tha a' ghrian a' dol fodha,' thuirt e.

'Tha fhios a'm, bha mi a' coimhead a-mach.'

Ri linn an dust a bha san àile 's ann purpaidh agus gorm a bha dol fodha na grèine agus b' ann beag agus gorm a bha a' ghrian fhèin. Nach robh i mu dhà fhichead millean mìle na b' fhaide air falbh bhuapa na bha i air an t-saoghal. Cha robh sin a' còrdadh ri Cindy; am measg nam mìle rud eile a bha i ag ionndrainn mun t-saoghal a dh'fhàg iad, bha na dathan iongantach a bhiodh ann nuair a bha a' ghrian ag èirigh agus a' dol fodha.

Thug e an aire nach robh i a' coimhead ro thoilichte. 'A bheil dad ceàrr?'

'Chan eil, chan eil,' thuirt i agus i a' feuchainn ris na deòir a mhùchadh.

A-riamh on thòisich i a' faireachdainn a' chianalais bha i air a bhith a' feuchainn ri fhalach bhuaithe. Cha bhiodh e ceart a bhith a' cur dragh air nuair a bha iad air misean cho cudromach. Ach cha robh e furasta, agus bha e eòlach oirre. 'S math a bha fios aige nach robh i air a bhith toilichte agus gun robh cùisean a' dèanamh dragh dhi. Cha b' e misean furasta a bh' ann. B' iad a' chiad speuradairean a bh' air a dhol domhainn anns an fhànas.

Rinn iad cinnteach gun robh na h-ionnsramaidean aig Marsraker a bha a' tomhas rudan mar teòthachd agus ogsaidean, uile ag obair. Bha a h-uile càil mar bu chòir. Thug iad pacaidean bìdh a-mach às an reothadair, stiubha circe an turas seo, agus theasaich iad iad san àmhainn a bh' aca a dh'aona ghnothach airson biadh a theasachadh. Aon uair 's gun do theasaich iad, shuidh iad sìos gu am biadh. Bha iad deiseil airson còmhradh. B' e seo an t-àm agus an obair aca seachad, nuair a dh'fhaodadh iad fois a ghabhail agus beachdachadh air na bha air tachairt tron latha. Aon rud a thachair, agus a bha a' tachairt a h-uile latha, 's e gun d' fhuair iad fios bho Spacecity, a' faighneachd ciamar a bha a' dol dhaibh. Bha am fios rèidio a' toirt mu fhichead mionaid ruighinn thuca. Agus a h-uile latha chuireadh iad aithris air ais ag innse dè an obair a rinn iad agus na toraidhean ma bha sin iomchaidh.

Sheall Dez air Cindy gu feòrachail, 'A bheil thu a' dol a dh'innse dhomh?'

Choimhead i air gu neoichiontach, 'A dh'innse dè?'

'Tha rudeigin air a bhith a' cur dragh ort, nach eil? O chionn mhìosan a-nis tha mi a' toirt an aire gu bheil rudeigin ceàrr. Chan e mise a th' ann, an e?'

'Ò, chan e idir. Tha mi dìreach ag ionndrainn an t-saoghail beagan.'

'Beagan? Nam b' e beagan a bh' ann cha bhiodh tu cho brònach.'

Rinn i snodha-gàire fann. 'Tha thu ceart, 's e an fhìrinn gu bheil cianalas uabhasach orm.'

A-nise gun robh i air aideachadh, bha aice ri a mhìneachadh mar a bha i a' faireachdainn. Mar a dh'fhairich i nuair a chunnaic i an saoghal bhon fhànas, cruinne brèagha gorm agus geal agus e a' dol na b' fhaide agus na b' fhaide air falbh bhuapa. E mar leug phrìseil ann an dorchadas nan speuran. Mar a bha i ga fhaicinn a' fàs na bu lugha, bha e mar gum biodh cumhachd neo-aithnichte a' spìonadh a cridhe às a broilleach. 'S e saoghal air a bheannachadh le uisge a bh' ann, eu-coltach ris a' phlanaid air an robh iad a-nise, e tioram le ùir phuinnseanta dhearg. Gun chraobhan, gun duilleach, gun ainmhidhean. Ciamar a b' urrainn duine a bhith beò air a leithid de phlanaid? Chuireadh e duine sam bith às a chiall, a bhith air a' phlanaid seo agus a' smaoineachadh air an t-saoghal a dh'fhàg iad.

'Tha mi duilich gu bheil thu a' faireachdainn mar sin,' thuirt e. 'Tha mi a' tuigsinn. Tha mi fhìn a' faireachdainn beagan mar sin cuideachd, ach feumaidh sinn a bhith foighidneach. Chan fhada a-nis gus am bi sinn a' tilleadh, agus chì thu an saoghal a' tighinn nas fhaisge agus nas fhaisge.'

Rinn i gàire. 'S e faochadh a bh' ann dhi gun robh i mu dheireadh thall air innse dha mar a bha i gu fìrinneach a' faireachdainn, agus faochadh eile gun robh e cho tuigseach mu dheidhinn. Chan e sin a-mhàin ach bha na h-aon fhaireachdainnean aige fhèin gu ìre. Chan e duine bog a bh' ann idir. Dh'fhaodadh earbsa a bhith aice ann gum biodh e proifeiseanta anns gach dleastanas a bh' orra. Dh'fheumadh ise a bhith an aon rud.

Às dèidh a' chòmhraidh sin, a thug cofhurtachd cho mòr dhi, bha i a' cunntas nan làithean gus am biodh iad a' dèanamh ceangal ris an rocaid a bheireadh air ais chun an t-saoghail iad. Bha iad air a bhith seachdad 's a h-aon latha air a' phlanaid. Fichead latha eile agus bhiodh iad a' fàgail. Airson an fhichead latha sin bha iad gu dìcheallach a' dèanamh na h-obrach a chaidh a chur romhpa.

Bha Marsship air a bhith a' dèanamh reul-chuairt air a' phlanaid fhad 's a bha iadsan air talamh Mhàrs. Dh'fheumadh iad ceangal a dhèanamh ris an rocaid mus tòisicheadh an turas air ais dhan t-saoghal. Bha iad air a bhith trì mìosan air Màrs uile-gu-lèir ach do Cindy bha e air a bhith coltach ri sìorraidheachd. Chan e nach robh companas Dhez a' còrdadh rithe.

Thug i an aire gun robh an dàimh a bha eatarra air atharrachadh on a dh'fhàg iad an saoghal. Chan e gun robh Dez air atharrachadh, bha esan mar a bha e riamh, an duine ciùin, earbsach air nach robh, a rèir choltais, càil a' cur dragh. B' e mar a bha ise a' faireachdainn a bha air atharrachadh, agus bha e a' cur an dubh-eagail oirre. Bha i air trom-ghaol a ghabhail air, ach bha fios aice nach b' urrainn dhi innse dha no chuireadh e am misean ann an cunnart. Bha e dona gu leòr innse dha mun chianalas a bh' oirre, ach nan innseadh i mar a bha i a' faireachdainn mu dheidhinn fhèin chuireadh e an ceòl air feadh na fidhle. Dh'fhuirich i sàmhach agus chùm i i fhèin trang leis an obair a bh' aice ri dhèanamh.

Mu dheireadh thàinig an latha mòr nuair a dh'fhaodadh iad Màrs fhàgail. Cheangail iad ris an rocaid gu sàbhailte agus bha iad air an slighe air ais chun an t-saoghail a dh'fhàg iad deich mìosan fada air ais. Bha i toilichte a' phlanaid lom dhearg chreagach fhaicinn a' dol na b' fhaide agus na b' fhaide bhuapa. Bha cuan an fhànais a-nis fan comhair, cuan, bha iad an dòchas, tron siùbhladh iad gu sàbhailte. Cha robh an tìde air bòrd gun a dhleastanasan. Dh'fheumadh iad deuchainnean saidheansail a dhèanamh gach latha, gu h-àraidh air am bodhaigean fhèin gus faicinn dè an ìre rèididheachd a bha a' drùdhadh orra, oir bha an-còmhnaidh cunnart ann bho rèididheachd chosmach agus bhon ghrèin. Cuideachd, dh'fheumadh iad sùil a chumail air bruthadh-fala agus ìre ogsaidean san fhuil. Agus bha aca ri eacarsaich a dhèanamh air an inneal eacarsaich airson dà uair a thìde gach latha airson an cnàmhan agus am fèithean a chumail fallain.

'S iomadh uair a bhuail e orra cho dis agus neo-shàbhailte 's a bha iad ann an cuan mòr an fhànais agus iad air falbh bhon dìon iongantach a bha àile an t-saoghail a' toirt dham bodhaigean. Bhuail e gu h-àraidh cruaidh air Cindy gur e gòraich a bh' ann dhaibh a dhol air an turas gu Màrs. Cha robh mac no nighean an duine air an dèanamh airson siubhal san fhànas. B' e an dachaigh nàdarrach aca an saoghal, far an robh a h-uile càil mar gum biodh air a dhealbh gu mionaideach airson beatha agus fallaineachd a chumail riutha.

Mu dheireadh thàinig an latha nuair bha an saoghal faisg gu leòr airson fhaicinn mar bhall beag cruinn gorm agus geal agus e a' tighinn na b' fhaisge gach latha.

Rinn i gàire ri Dez. 'Tha sinn gu bhith dhachaigh,' thuirt i gu h-aighearach. Bha aoibhneas a' lìonadh a bith.

Rinn e snodha-gàire air ais.

Bha barrachd air aon adhbhar aice a bhith aoibhneach. Bha i air cur roimhpe innse dha Dez gun robh gaol aice air aon uair 's gun ruigeadh iad an saoghal agus bha fadachd oirre innse dha. B' e turas a bh' ann a bha air an toirt na bu dlùithe air a chèile. Cha robh dithis san t-saoghal ach iad fhèin a b' urrainn a ràdh gun robh iad air a bhith gu Màrs agus air ais.

Dh'fhàs ball an t-saoghail na bu mhotha agus na bu ghuirme. Chan fhada gus am biodh iad a' tighinn chun na pàirt bu chunnartaiche den turas – 's e sin a' teàrnadh sìos gu talamh tro àile an t-saoghail. An seòrsa rocaid a bh' ann am Marsship, b' urrainn dha tighinn gu talamh agus a bhith air a chleachdadh a-rithist, ach ged a b' urrainn bha an turas tron àile cunnartach. Bha cuid de na rocaidean a bh' ann roimhe air spreadhadh agus speuradairean air am beatha a chall.

Nuair a thàinig latha an teàrnaidh, fhuair iad fios bhon Bhodach a' guidhe gach soirbheachadh dhaibh. Dh'aithnicheadh iad air a ghuth gun robh na bha a' tachairt fìor chudromach dha. B' e aon de amasan mòra a bheatha speuradairean a chur gu

Màrs. B' e rud mòr a bh' ann dha gum faigheadh iad air ais gu sàbhailte còmhla ris an eallach bheag de dh'ùir na planaid a bha iad air a thoirt air ais leotha.

Chuir iad orra na speur-dheiseachan deiseil airson an teàrnaidh agus cheangail iad iad fhèin anns na suidheachain. Smaoinich i nach robh Dez a' coimhead nearbhasach idir ged a bha a cridhe fhèin a' plosgartaich na com. A shaoghail, seo sinn a' tighinn, smaoinich i. 'S fhada on uair sin. Ged a bha deiseachan orra, b' urrainn dhaibh bruidhinn ri chèile le rèidio. Mar a thòisich iad a' gluasad sìos choimhead i air Dez tron chlogaid. Choinnich an sùilean. 'Tha gaol agam ort,' thuirt i. Bha i air a bhith a' feitheamh còrr agus bliadhna airson innse dha. Cha robh fios aice ciamar a ghabhadh e ris.

Chitheadh i gun robh gàire na shùilean. 'Tha fhios agam, tha gaol agamsa ortsa cuideachd.'

Nam biodh i na seasamh bhiodh i air tuiteam. Cha robh dùil sam bith aice ris an fhreagairt ud. Lìon a cridhe le gàirdeachas.

'Mars is braw in Crammasy, Venus in a green silk goun,' thuirt e.

'None for thee a thoughtie sparin, Earth thou bonnie broukit bairn', fhreagair i.

Am facal mu dheireadh a bh' aige 's e, 'Chì mi thu ann an Spacecity.'

Bha an saoghal a' dlùthachadh riutha gu luath. Dhùin i a sùilean. Bha a h-uile càil mar a dh'òrdaicheadh i.

Ri Aghaidh na Creig

DHÙIN MÌCHEAL DORAS a' BHMW aige le brag. Choimhead e air airson tiotan le sùil choibhneil, ghràdhach. Am peanta dubh, faileasach; na loidhnichean rèidh, clasaigeach. Smaoinich e cho fortanach 's a bha e gun robh a leithid de chàr aige, agus gun robh obair cho math aige mar mhanaidsear oifis ann an Glaschu a leigeadh dha a leithid de chàr a cheannach. Saoil ciamar a bha a sheann charaid Seòras agus a bhean bhrèagha Anna? Thug e sùil mun cuairt. Bha Seòras na chroitear ged a bha e cuideachd ag obair anns a' Chuan a Tuath anns na raointean-ola. Bha e air taigh brèagha ùr a thogail. Ri taobh an taighe thug Mìcheal an aire dha Volvo gorm.

Fhreagair Anna an doras.

'A Mhìcheil!' Bha gàirdeachas na sùilean agus thilg i a làmhan timcheall air amhaich.

'Dè tha thusa a' dèanamh san dùthaich?'

Choimhead e oirre. Bha i cho brèagha 's a bha i riamh le a falt bàn agus a sùilean tais gorm. Bha e follaiseach gun robh i cuideachd cho càirdeil 's a bha i riamh.

'Tha mi dìreach a-bhos airson latha no dhà. Thàinig mi a choimhead air mo sheann charaidean. A bheil Seòras a-staigh?'

Dìreach mar a thuirt e na facail nochd e ann an doras an t-seòmair-suidhe. Duine le fèithean làidir, gun a bhith ro mhòr. Thàinig e agus thabhainn e a làmh do Mhìcheal.

'Uill, uill, h-abair srainnsear. Cha robh dùil sam bith agam riutsa. Ach tha e math d' fhaicinn. Thig a-staigh, thig a-staigh.'

Chaidh Mìcheal a-staigh. Cha b' urrainn dha gun an aire a thoirt dhan t-seòmar-suidhe bhrèagha – an suidht bheartach uaine, na cùirtearan tiugha, uaine cuideachd agus am brat-ùrlar. A h-uile nì a' co-fhreagradh, an dà chuid dathan agus stoidhle. Seòras, duine fortanach gun teagamh sam bith. Agus a bhean, Anna an fhuilt bhàin, bha ise cuideachd a' co-fhreagradh. BMW nam boireannach, loidhnichean clasaigeach. Agus bha i cho gasta, còir. Ro chòir 's dòcha.

'Uill, uill, cia mheud bliadhna a th' ann on a bha thu seo?' arsa Seòras. 'Tha mi creidsinn gu bheil trì.'

'Cha robh sibh pòsta an uair sin.'

'Cha robh,' dh'aontaich Seòras, 'ged a bha sinn air gealladh-pòsaidh a thoirt seachad.'

'Tha sin ceart,' arsa Mìcheal. Bha a làmh air gàirdean an t-sòfa a' faireachdainn an aodaich bhrèagha mheileabhaid. Chuimhnich e air an triop mu dheireadh a bha e a' coimhead orra. Bha Seòras air a thoirt air falbh dhan ospadal agus chaidh fhàgail-san le cùram airson Anna. Dh'fhàs aodann dearg a' cuimhneachadh air.

Dh'aithnicheadh e fhèin agus Seòras Anna on bha iad òg san sgoil. Bha gaol aig an dithis aca oirre ach b' e Seòras a roghnaich i aig a' cheann thall. Ach an uair ud, nuair a bha Seòras san ospadal, bha e air peacachadh na aghaidh. Cha robh a chogais a-riamh air leigeil leis. A-nis bha e air tighinn air ais a dh'iarraidh maitheanas air a sheann charaid.

Bha Seòras na sheasamh agus a dhruim ris an teine, a làmhan paisgte air a chùlaibh. Bha Anna na suidhe san t-sèithear ri thaobh, agus i a' fuaigheal. Dh'fhairich Mìcheal an dlùths a bha eadar an dithis. Mar gum biodh fios aca air smaointean a chèile. Faireachdainn bhlàth, chofhurtail. Bha e math a bhith ann. Ach bha rudeigin ann mu dheidhinn Sheòrais... An robh e cho càirdeil ris 's a b' àbhaist dha a bhith? Chuir e a' cheist às a cheann.

Dh'èirich Anna...

'Bheil cuimh' agad nuair a bha sinn a' sreap?' arsa Seòras. 'Am bi thu ris fhathast?'

''S mi bhitheas. Uill, bidh nuair a gheibh mi an cothrom, 's chan eil sin tric.'

'Dè mu dheidhinn a-màireach?'

'A-màireach!'

'Nach bi thu seo?'

'Bithidh ach… chan eil an stuth agam leam.'

'Na biodh dragh ort mu sin. Size 10 nach e?'

Chaidh Seòras a-mach às an rùm agus thàinig e air ais le brògan brèagha ùra. Feadhainn aotrom airson sreap chreagan.

'Seo. Feuch iad sin ort.'

Ghabh Mìcheal na brògan agus dh'fheuch e air iad. Bha iad dìreach ceart dha. 'S e brògan math sreap a bh' annta. Chaidh Seòras a-mach a-rithist agus thàinig e air ais le anarac, stocainnean tiugha agus briogais. Bha iad uile ùr.

''S toigh leam fear spèar den a h-uile càil a bhith agam,' thuirt Seòras le gàire.

'Tha thu cho còir 's a bha thu riamh. Cha robh dùil sam bith agam ri seo.'

Thàinig Anna a-staigh le tì. Bha iad a' crac airson greis mu na seann làithean, mar a bhiodh iad a' falbh còmhla airson oidhcheannan a' sreap anns a' Chuiltheann agus an Earra-Ghàidheal. Bha an triùir aca math air sreap. An toiseach bhiodh iad dìreach a' gabhail a' cheum a b' fhasa chun a' mhullaich, ach dh'fhàs iad sgìth dhe sin agus thòisich iad a' sreap chreagan – rud a bha fada na bu chunnartaiche.

Mar bu tric b' e Seòras a dheigheadh air thoiseach leis an ròpa agus na spìcean, agus leanadh Mìcheal agus Anna suas e.

'Càite ma-thà a-màireach?' arsa Mìcheal agus e a' dèanamh deiseil airson falbh.

'Bodach an Stòrr,' arsa Seòras. Rinn Anna gàire.

'Bodach an Stòrr! A' spòrs a tha thu! Cò a-riamh a shreap Bodach an Stòrr?'

'Sin dìreach carson a dh'fheumas sinn a shreap. Cha do shreap duine eile e cho fad' 's is fhios dhomh.'

Bha Seòras gu daingeann na bheachd gur e rud math a bhiodh ann. Cha b' urrainn do Mhìcheal diùltadh. Dh'aontaich iad coinneachadh tràth anns a' mhadainn aig an Stòrr. Mar a bha Mìcheal a' dol chun a' chàir chuimhnich e air Anna agus chuimhnich e cuideachd nach d' fhuair e cothrom bruidhinn ri Seòras mun nì a bha a' dèanamh dragh dha. 'S dòcha nach robh còir aige guth a ràdh às dèidh a h-uile càil. Nach robh an dithis aca cho càirdeil ris 's a bha iad a-riamh. O uill, chitheadh e a-màireach.

Sa mhadainn b' e Mìcheal a bha aig an Stòrr an toiseach. Bha e na shuidhe air bruaich ag ithe ceapaire agus a' smaoineachadh air Anna. Cha robh e air norrag cadail fhaighinn a' smaoineachadh oirre. Bha e a' dèanamh dragh dha gun robh a' chumhachd ud aice thairis air. Bha nàire air gun robh e cho lag. Cha robh e idir a' faireachdainn coltach ri sreap ach bha fios aige gum feumadh e.

Thàinig Seòras. Bha e leis fhèin sa chàr. Chuir seo iongnadh air. Ach ann an seagh bha e a cheart cho toilichte. Cha bhiodh a cruth àlainn ga bhuaireadh agus gheibheadh e cothrom bruidhinn ri Seòras.

Thuirt esan, 'Cha robh Anna a' faireachdainn ro mhath. Cha b' urrainn dhi tighinn. Chan e càil uabhasach a th' ann, dìreach fuachd.'

Thòisich iad a' coiseachd suas gu Bodach an Stòrr. Bha Seòras cho bruidhneach 's a chunnaic e riamh e. Bha seo ga shàrachadh. Carson nach sguireadh e a bhruidhinn? Ma bha e a' dol a dh'iarraidh maitheanas air dh'fheumadh sàmhchair a bhith ann. Bha e gu bhith doirbh na briathran fhaighinn a-mach. Bha e do-dhèante agus teanga a charaid a' dol gun sgur.

Thàinig iad gu bonn na creige. 'Cò againn a tha dol air thoiseach?' dh'fhaighnich Seòras.

Rinn Mìcheal gàire. 'Tha fhios agad cò bhios a' dol air thoiseach. Thusa.'

'Ceart ma-thà.' Fhuair Seòras an ròpa deiseil. Chuir e crios mu mheadhan agus mu bhodhaig agus thug e fear dha Mìcheal. Bha spìcean agus làmhan-sreap aige agus Karbiners airson an ròpa a cheangal ri crios no ri lùb ròpa.

Choimhead Mìcheal suas air a' chreig ag èirigh àrd os an cionn mar thùr Gotach. 'A bheil thu cinnteach…?' thòisich e. Ach stad e. Bha Seòras a' coimhead cho cinnteach às fhèin, cho suidhichte na bheachd. Bha e air fàs sàmhach, ga ullachadh fhèin airson an t-sreap. Cha robh e idir mar bu chuimhne le Mìcheal e. B' àbhaist dha a bhith aotrom aighearach nuair a bha iad a' sreap. Cha robh e a' còrdadh ris gun robh e air a dhol cho sàmhach.

Thàinig Anna fa chomhair inntinn. Dh'fheuch e ri a dubhadh às. Ach chan fhalbhadh i. Thuirt e ris fhèin nach iarradh e maitheanas an-dràsta co-dhiù. Bhiodh tìde gu leòr ann mus tilleadh e a Ghlaschu.

Thòisich Seòras a' dol suas. Bha an ròpa a' slaodadh ris sìos gu far an robh Mìcheal.

'Thoir an aire ort fhèin,' dh'èigh e suas thuige. Ach cha tuirt Seòras guth. Bha aire air a' chreig. 'S e sreapadair math a bh' ann. Cha robh teagamh sam bith air sin. Bha e mar dhamhan-allaidh, cho cinnteach. Thòisich Mìcheal ga leantainn. Bha e toilichte gun robh ròpa aige. 'S e amadain a bhiodh annta co-dhiù a dhol gun ròpa. Stad Seòras air sgeilp os a chionn. Cha b' fhada gus na ràinig e faisg air far an robh e.

'Dè tha ceàrr?' arsa Mìcheal.

Cha tuirt Seòras guth.

'An e càil a tha ceàrr?' thuirt e a-rithist ann an guth na b' àirde.

Bha e a' faireachdainn a bhroillich a' fàs teann. Cha robh e nàdarrach mar a bha Seòras air a dhol. Aon mhionaid cho luath ris an donas, an ath mhionaid mar linne-uisge shàmhach, dhubh. 'Tha mi ag iarraidh bruidhinn riut,' arsa Seòras mu dheireadh.

'Uill, 's mi tha toilichte sin a chluinntinn. Carson a stad thu? A bheil thu a' tilleadh?'

'Tha mi ag iarraidh bruidhinn riut,' thuirt Seòras a-rithist.

Bha rudeigin na ghuth a chuir gaoir bheag tro fheòil Mhìcheil. Choimhead e suas a-rithist. Bha sùilean Sheòrais cruaidh. Na bu chruaidhe na chunnaic e riamh iad.

'Thug mi an seo thu airson adhbhar. Tha mi a' dol ga do mharbhadh.'

Dh'fhairich Mìcheal a stamag a' dol neònach. Cha mhòr nach do thuit e. An dàrna cuid bha Seòras air a dhol às a rian no bha fios aige. Bha fios aige gun robh gaol aige air Anna. Bha fios aige dè thachair o chionn trì bliadhna nuair a bha e san ospadal.

'Tha thu às do chiall,' thuirt e. 'Carson a mharbhadh tu mi?'

Thug Seòras sgian às a phòcaid.

'Dè tha thu a' dèanamh?' ghlaodh e.

'Tha mi dol ga do mharbhadh. 'S math tha fios agad carson.'

''Son gu bheil gaol agam air Anna?'

'Chan ann,' arsa Seòras agus e a' fosgladh na sgine, 'ach airson an rud a rinn thu nuair a bha mise san ospadal.'

Bha fios aige. Dh'fhairich Mìcheal dubh-eagal airson a' chiad uair na bheatha. Bha fios aige gun robh iad co-dhiù air dìreadh dà cheud troigh. Bha e reòthte ris a' chreig. Nan tuiteadh e bhiodh e cho marbh ri sgadan. Bha a bheul tioram.

'Thàinig mi a dh'iarraidh maitheanas.' Bha a ghuth neònach. Bha e fhèin ga chluinntinn mar ghuth neònach. Guth fada air falbh.

'Maitheanas. Nach eil thu beagan fadalach?' thuirt Seumas anns an aon ghuth chruaidh. Bha e os a chionn agus a' ghrian air a chùlaibh.

Na shuidhe mar gum biodh air cathair a' toirt breith. Mar dhia deàlrach. Dh'fhairich e am fallas a' sruthadh sìos achlaisean, ga dhiogladh.

'Bidh fhios aca,' thuirt e ann an guth teann, 'ma ghearras tu an ròpa.'

'Cha bhi ma nì mi mar seo e,' agus thòisich e a' sgrìobadh an ròpa, fuiltean an dèidh fuiltein, dìreach mar gum biodh a' chreag air a ghearradh mean air mhean. Bha e na shuidhe air an sgeilp agus a' lùbadh sìos.

'Cha do rinn mi càil ceàrr,' arsa Mìcheal na èiginn. 'Bha gaol agam oirre. Nach toir thu maitheanas dhomh.'

Bha fios aige nach robh feum dha a bhith a' bruidhinn. Aon uair 's gun cuireadh Seòras roimhe rud a dhèanamh cha robh nì air thalamh no air nèamh a dh'atharraicheadh inntinn. Sin an seòrsa duine a bh' ann. Bha gaol uabhasach is dìorrasach aige air Anna. Bha fios aige nach toireadh e maitheanas dha gu bràth.

Bha an ròpa gu bhith briste. Ghreimich e le a dhà làimh air dà sgàineadh caol. Cha robh mòran grèim aig a chasan. Gun an ròpa cha mhaireadh e ro fhada. Gun rabhadh thuit e sìos sia òirlich. Le oidhirp eagalach ghreimich e air oir bhig le a dhà làimh. Chuala e sgiamh a b' uabhasaiche a' dol seachad air. Dh'fhairich e tarraing aithghearr air an ròpa a bha mu mheadhan. Chuala e fuaim shìos fodha, bodhaig a' bualadh creig. Fhuair a chasan grèim a-rithist air na sgàinidhean far an robh iad roimhe. Le oidhirp shònraichte tharraing e e fhèin suas chun na sgeilp far an robh Seòras air a bhith mòmaid roimhe sin.

Laigh e air a mhionach air an sgeilp agus choimhead e sìos. Bha Seòras na laighe gun ghluasad aig bonn na creige, agus abhainn fala a' tòiseachadh a' tighinn bho bheul. Ghul e agus ghul e mar gum b' e leanabh beag a bh' ann, mar gum biodh a mhionach a' tighinn a-mach air a bheul.

Aileas

SÙILEACHAN... SIN AM facal a bha dhìth orm ach càit an cuala mi e? aicese tha mi cinnteach bha mi air a dhìochuimhneachadh cuin a bha siud? a's na 50an no 60an cha robh mi ach na mo nigheanaig O 's e na làithean ud a' dol dhachaigh dhan eilean le m' athair 's mo mhàthair a Chàrlabhagh smaoinich O Ciorstaidh bhochd mo ghranaidh bha i sean an uair ud mu cheithir fichead tha mi smaoineachadh cha robh mòran aice ach a creideamh agus am Bìoball ri a taobh fad na h-ùine cuimhnich do Chruthaidhear ann an làithean d' òige chanadh i rium a h-uile turas a bhithinn a' fàgail cuimhnich do Chruthaidhear a ghràidh 's mise na mo mhini-skirt 's gun chàil air m' aire ach balaich is dannsaichean is rock 'n' roll Jerry Lee Lewis is Elvis is Fats Domino...

ach chan e sin an sùileachan bha an sùileachan ri thighinn nuair a bha granaidh san uaigh fada às dèidh sin bliadhnaichean mòra fada às dèidh sin nach iomadh sruth is steall a bha air a dhol fo dhrochaid Abhainn Chàrlabhaigh agus sìos an Seine ann am Paris bòidheach mo ghràidh far a bheil mi a-nis Pierre fhèin na phùdar na dhust càil ach a' cuimhneachadh agus a' meòrachadh ann an seo leam fhìn latha às dèidh latha Pierre bochd agus Anton an Ameireaga agus Monique cò aig tha fhios càit a bheil ise ann an stiùidio air choreigin a' spaidsireachd air beulaibh camara mar as àbhaist cha robh càil ceàrr oirrese riamh coltach ri a màthair nuair a bha mi òg cho aotrom ris na h-eòin...

nam shuidhe an seo gad chuimhneachadh glainne fìon dearg na mo làimh Pierre mo ghaol 's e bha dèidheil air an stuth seo a ghrùthan a' grodadh leis tha mi cinnteach gur e sin a thug bàs dha a' cuimhneachadh sin uile as urrainn dhomh a dhèanamh a-nis agus abair cuimhneachain a bheil mi duilich? chan eil idir dh'fhaodadh rudan a bhith na bu mhiosa ach chan eil mi cinnteach tuilleadh O bha uair a bha mi cinnteach nuair a smaoinicheas mi nuair a choinnich mi ri Pierre an toiseach ann an Dùn Èideann bha mi air mo bheò-ghlacadh leis air mo bheò-ghlacadh e cho suave cho tuigseach mu dheidhinn a h-uile nì mise òg agus faoin esan òg cuideachd ged nach robh e faoin nam oileanach ealain san oilthigh agus esan na oileanach e fhèin a' dèanamh poilitigs agus feallsanachd glainneachan air le frèam dubh-dhonn agus e cho eirmseach…

an latha ud sa Union tha sinn dìreach ceart dha chèile thuirt e agus sinn aghaidh ri aghaidh ag òl cofaidh aodann a' dlùthachadh ri m' aodann-sa ceart dha chèile thuirt mi ciamar a tha sin? tha thu cho brèagha thuirt e tha gaol mòr agam ort Aileas chan e dìreach d' fhalt bàn agus do shùilean gorma ach a h-uile càil mud dheidhinn thu cho onarach agus cho fosgailte mun a h-uile càil agus cha b' urrainn dhomh gun a chreidsinn bha mi 'g iarraidh a chreidsinn agus as t-samhradh sin nuair a bha an t-oilthigh dùinte thug e dhachaigh gu Paris mi 's choinnich mi ri phàrantan Élénore agus Rémy Rémy cho èibhinn Élénore cho ciùin socair mar nach buineadh i dhan t-saoghal seo idir Paris cha robh àite san t-saoghal coltach ris bha gaol agam air Paris agus air Pierre 's bha an gaol a' fàs…

agus air ais an Dùn Èideann choinnich e ri mo phàrantan-sa cuideachd agus bha mi 'g innse dha mar a chanadh e an ainmean sa Ghàidhlig Tarmod agus Màiri bha e furasta gu leòr dha bu chaomh leis mo phàrantan bha iad cho faisg thuirt e 's cho càirdeil ach chan eil fhios a'm chan eil mi cho cinnteach bha eagal orra gun robh mi dol ga phòsadh a' dol a phòsadh Frangach thuirt m' athair aon latha a bheil thu cinnteach? cultar eile eil fhios agad tha e doirbh dèiligeadh ri cultar eile bha seo às dèidh dhuinn gealladh pòsaidh a thoirt seachad agus choinnich e ri mo ghranaidh cuideachd ann an Càrlabhagh mus do bhàsaich i agus thuirt ise an aon rud cha tàinig an Cruthaidhear a-steach air a-riamh thuirt i tha eagal orm airson d' anam a ghràidh...

ach phòs sinn co-dhiù agus chaidh sinn a dh'fhuireach an seo far a bheil mi a-nis 's bidh mi a' cuimhneachadh cho sona 's a bha sinn esan aig obair na òraidiche san oilthigh 's mise ann a sheo ann am Montmartre a's an stiùidio ag obair fad an latha no shìos sa Phlace du Tertre còmhla ri mo charaidean Odette agus Danielle a' gabhail cofaidh a' crac 's a' gàireachdainn nar suidhe anns a' ghrèin a' bruidhinn mu na peantairean a b' àbhaist a bhith a' fuireach no ag obair ann am Montmartre van Gogh agus Modigliani, Monet agus Picasso bha mi ann an nèamh bha mi smaoineachadh a h-uile càil a dh'iarrainn làithean geala b' iad siud na làithean geala...

no dheighinn dha na gailearaidhean An Louvre no am Musée d'Orsay a' coimhead le iongnadh air an obair aig van Gogh is Degas is Courbet O nach buidhe dhomh ach dìreach corra uair 's mi tighinn dhachaigh bheirinn an aire dhan Bhasilique du Sacré Coeur agus e ag èirigh mar sheann aisling os cionn Montmartre agus bha e cho neònach chuimhnichinn air granaidh 's i 'g ràdh nise Aileas cuimhnich thusa do Chruthaidhear ann a' làithean d' òige chan e m' athair 's mo mhàthair air an cuimhnichinn ach granaidh ann an Càrlabhagh 's dòcha gun robh adhbhar ann ged nach b' urrainn dhomh smaoineachadh...

's an uair sin còig bliadhna air ais thàinig a' bhuille uill a' chiad bhuille Pierre bochd mar a chaidh e dheth bhiadh cha do shaoil sinn càil dheth an toiseach ach bha e fàs caol cha robh e riamh air a bhith aig dotair ach thuirt mise ris Pierre feumaidh tu a dhol dhan dotair tha rudeigin ceàrr O a ghràidh mar a tha mi gad ionndrainn cha robh e ag iarraidh a thiodhlacadh ann an uaigh cha robh e creidsinn ann an càil nuair a bhàsaicheas mi sin an deireadh thuirt e tilg mo dhust air an Seine agus dh'aontaich mi ris bha granaidh gòrach bha i smaoineachadh gum biodh i dol a nèamh no dh'ifrinn cha robh mise riamh a' creidsinn sin cha robh no duine ris na choinnich mi san Fhraing ana-creidmhich uile gad chuimhneachadh a ghràidh an latha a thàinig thu dhachaigh bhon dotair a-rithist agus d' aodann glas agus thuirt thu tha sia mìosan agam a ghaoil aillse sa ghrùthan…

O bha na sia mìosan ud doirbh sinn a' dol air turas còmhla a dh'Ameireaga 's tu 'g iarraidh Ameireaga fhaicinn mus bàsaicheadh tu 's an dèidh sin cha do chòrd e riut tha e ro choltach ri ifrinn thuirt thu nam biodh ifrinn ann na gabh dragh arsa mise 's mi fàsgadh do làimh chan eil ifrinn ann bidh thu ceart gu leòr 's rinn e gàire 's chaidh sinn gu taigh a' ghaisgich agad Tòmas Paine ann an New Rochelle 's thuirt thu nach math gu bheil sinn fhathast a' cleachdadh ar reusain mar a bha Tòmas còir 's rinn thu snodha-gàire fann rium mar gum biodh tu ag ràdh na gabh dragh a luaidh 's thug mi an aire dhad chraiceann gun robh e air fàs cho buidhe 's chaidh crith trom bhodhaig 's bha mi lùigeachdainn a bhith air ais ann am Paris…

nuair a fhuair sinn air ais cha do mhair thu fada bhàsaich thu nam ghàirdeanan 's na facail mu dheireadh a thuirt thu 's e tha gaol agam ort cha mhòr nach do bhrist siud mo chridhe… 's mar a dh'iarr thu thilg mi do dhuslach dha uisgeachan na Seine ach a h-uile latha tha mi smaoineachadh ort ged a tha e nas miosa a-nis o thachair an sùileachan rud a th' air m' inntinn a chur droil agus tha granaidh a-nis air m' inntinn a h-uile latha oir chunna mo shùilean i a-rithist…

chan urrainn dhomh sgur a' dol thairis air tha e mar an dèideadh dèideadh nach fhaigh mi cuidhteas an latha bha siud 's sinn nar suidhe aig cofaidh anns a' Phlace du Tertre O 's math gun robh iad còmhla rium mo charaidean Danielle agus Odette thàinig am pian uabhasach a bha seo nam bhroilleach 's nam ghàirdean gun rabhadh sam bith 's dh'fhàs mi glas 's cha b' urrainn dhomh anail a tharraing *crise cardiaque* ghlaodh Odette le uabhas tha mi bàsachadh smaoinich mi dh'fhòn Danielle airson cuideachadh 's thàinig ambaileans 's bha mi san ospadal Hôpital Bichet-Claude Bernard ann an diog bha mi gun mhothachadh an toiseach...

an uair sin iongantas nan iongantas chunna mi mo chorp shìos fodham air an troilidh uèirichean ceangailte ris agus dà dhotair agus dà nurs a' dèanamh an dìchill ach dè bha iad a' dèanamh? an robh mi marbh? ma bha ciamar a bha mi faicinn? bha inneal aca chuir iad rim bhroilleach pada agus uèir ceangailte ris bhoc mo bhodhaig mar gum biodh dealain a' dol troimhe ach cha do dh'fhairich mi càil Docteur Pusey arsa nurs *Je pense qu' elle morte* thug e sùil neònach oirre agus chùm e a' bruthadh mo bhroillich a-rithist is a-rithist bha mi ag èigheach rithe chan eil mi marbh idir a ghlaoic tha thu ann ach bha i cho bodhar ri clach mo bhodhaig mar sheann phoca agus mise os an cionn a' sealltainn sìos...

's bha mi ann an tunail 's chunna mi an solas air mo bheulaibh agus dh'fhàs an solas na bu dèine ach cha do ghoirtich e mo shùilean idir 's a-mach às an t-solas chunna mi cumadh a Dhia nan gràs mo ghranaidh 's i 'g ràdh rium feumaidh tu tilleadh a ghràidh chan eil an t-àm agad ann fhathast 's bha crìoch romham chan fhaodainn a dhol thar na crìche bha fhios agam air sin 's cha robh mi faireachdainn pian no càil 's bha mi 'g iarraidh a dhol còmhla rithe ach thuirt i a-rithist feumaidh tu tilleadh tha obair romhad fhathast agus thòisich mi a' falbh air ais 's chunna mi iad ag obair air mo chorp 's thòisich mi a' faireachdainn pian 's dh'fhosgail mi mo shùilean 's thuirt an nurs bheag *elle est vivante encore!* tha i fhathast beò 's thug an Docteur Pusey sùil oirre 's rinn e gàire 's thuirt e *oui oui elle est vivante*...

agus sin an sùileachan gabhaidh mi glainne fion eile 's thèid mi dhan Phlace du Tertre O Pierre chan eil an saoghal mar a bha dùil againn chunna mi granaidh cha chreid Danielle facal dheth bidh Odette a' magadh canaidh i *O ce n'était qu'un rêve* cha robh ann ach aisling bidh rudan neònach mar sin a' tachairt canaidh Danielle na gabh dragh ach chan eil mi cho cinnteach ciamar a chunna mi mo bhodhaig agus mi gun mhothachadh 's bha granaidh a' bruidhinn rium na b' fhìora na bha i riamh air an talamh ach càit' an robh thusa Pierre a ghaoil mo chridhe càit an robh thu? carson nach do bhruidhinn thu rium? sùileachan sin am facal a bha mi lorg…

An Claigeann aig Damien Hirst

BHA AN TAIGH ann an Surrey, faisg air Cranleigh. Air an dùthaich a bha e, taigh mòr eireachdail suidhichte ann am fichead acair fearainn. Timcheall air bha gàrradh a bha stèidhichte o chionn linntean le seann chraobhan agus lèanagan rèidh àlainn air an cumail gu grinn. Bhon gheata mhòr iarrainn suas gu ruige an doras aghaidh leis na colbhan spaideil Grèigeach, bha rathad còmhnard dìreach agus rùm gu leòr air beulaibh an dorais airson treud chàraichean.

Dh'aithnicheadh duine le aon sùil na cheann nach robh an teaghlach leis an robh an taigh gann de dh'airgead, ach cha b' ann le teaghlach a bha e. Ghluais Rolls Royce glas suas chun an dorais aghaidh gu rèidh sàmhach. Thàinig chauffeur, agus chamois aige na làimh, a-mach agus thòisich e air a shocair a' glanadh uinneag aghaidh a' chàir. Bha e greis aige sin gus an tug e fòn-làimhe à seacaid na deise aige. Goirid às dèidh sin thàinig an duine a-nuas na steapaichean, an duine leis an robh an taigh. Jon Fairly, Jon gun an 'h', ach 'Slim' dhan fheadhainn a b' fheàrr a dh'aithnicheadh e. Cha b' e gur e seo an aon taigh a bh' aige, eireachdail 's gun robh e. Bha taighean aige air feadh an t-saoghail, ann am Paris, New York, Na h-Eileanan Cayman agus iomadach àite eile.

B' e aon dhe na daoine a bu bheairtiche san dùthaich agus cha robh e ga fhalach ann an dòigh sam bith. 'S ann a bha e pròiseil às mar a bha e air faighinn air adhart na bheatha. Cha robh na athair ach mèinnear ann an Durham. Durham, mo chreach sa thàinig, far an robh na mèinnean a' dùnadh gun sgur nuair a bha e na ghille beag. Westerton, Allerdena, Esperley Drift... 10 ann

1962, 7 ann an 1963, 10 ann an 1964 agus mar sin air adhart gus a-nis nach robh ach druiteag dhiubh air fhàgail san dùthaich air fad. A-nis bha mèinneadh airson gual an ìre mhath san taigh-tasgaidh. Na phàirt de dh'eachdraidh.

Chaill athair a chosnadh agus bha e air an dòil airson bliadhnaichean. Cha robh Jon, a mhac, ach 7 bliadhna a dh'aois aig an àm agus thug an suidheachadh san robh an teaghlach buaidh mhòr air. Mar bu trice, cha robh sgillinn ruadh aca a shuathadh iad ri chèile. Mar a dh'fhàs an gille suas, mhionnaich e nach biodh esan bochd. Thòisich e a' reic aig margaidhean, dèideagan chloinne saora an toiseach agus an uair sin brògan spòrs, agus cha b' fhada gus an robh gu leòr de dh'airgead aige airson a' chiad bhùth a cheannach. Ann am beagan bhliadhnaichean bha sreath de bhùithtean aige, Top Notch mar a bh' orra.

Às dèidh sin cha chuireadh dad stad air. Aig deireadh nan ochdadan, reic e an t-sreath bhùithtean airson fortan agus thòisich e a' reic agus a' ceannach earrannan ann am Margaidh nan Earrannan. Fhuair e a-mach gun robh e fìor mhath air sin agus a-nis, aig aois leth-cheud 's a dhà, bha e cho beairteach ris an rìgh Mìdas agus dh'fhaodadh e a bhith air fois a ghabhail. Ach cha b' e sin a ghnè. Chùm e a' dol a' reic 's a' ceannach mar gum biodh a bheatha an urra ris.

Bha Sidney, an chauffeur, a' feitheamh gu foighidneach ris aig bonn nan steapaichean. Dh'fhosgail e doras cùil an Rolls dha, 'An Caledonian an e?'

Chrath Slim a cheann, 'Chan e a-nochd, An Athenaeum.'

B' e an club Caledonian aig 9 Sràid Halkin dham biodh e tric a' dol agus e pròiseil gum b' ann à Alba a bha aon de shinnsirean, ach a-nochd b' ann san Athenaeum, aon de na clubaichean a b' ainmeile ann an Lunnainn, a bha sùil ris. O thùs, bha an club airson daoine a bha air ainm a dhèanamh dhaibh fhèin ann an saidheans, litreachas agus na h-ealain. Bha daoine mar Theàrlach

Darwin agus Rudyard Kipling air a bhith nam buill. Ach uaireannan ma bha airgead gu leòr aig duine agus e air seirbheis phoblach a dhèanamh, cha dhiùltadh iad ballrachd dha. B' e an t-airgead a-mhàin a thug an t-urram sin dha Slim.

Cha tug iad fada a' siubhal à Cranleigh a Lunnainn sìos air an M25 agus a-steach gu meadhan a' bhaile gu Pall Mall far a bheil an togalach eireachdail an Athenaeum. Sguab an Rolls suas gu ruige an doras Doric ann an Ionad Waterloo.

'Ma bhios tu seo aig aon uair deug,' dh'àithn e dha Sydney.

'Glè mhath, aon uair deug,' arsa Sydney.

Nuair a chaidh e a-steach dhan Chlub, cha robh e uabhasach trang, ach cha robh e ach tràth fhathast. Dh'òrdaich e uisge-beatha le deigh agus shuidh e leis fhèin ann an aon dhe na cathraichean cofhurtail leis an robh an t-àite air a bhreacadh. Thog e Financial Times agus bha e air chall air a chùlaibh nuair a dhùisg an guth àrd cridheil e.

'Well, well, by jove, mura h-e Mgr Fairly a th' ann.'

Bha an duine a bhruidhinn air èideadh ann an deise chlò. Dh'aithnich Slim a ghuth sa bhad. Am Morair Eideard Merr aon de na seann uaislean, a bha a' cumail nam beingean fìon-dhearg blàth. Duine le seann fhreumhan ach a' bheag de dh'airgead. Cha robh Slim cho eòlach sin air, ged a bhiodh e a' gabhail a naidheachd sa Chlub bho àm gu àm. Bha e beagan amharasach gur ann air sgàth a bheairteis a bhiodh e a' bruidhinn ris-san.

'Halò, Halò Eideird tha sibh ann. Nach e an t-àite seo a tha falamh fhathast.'

Bhruidhinn iad air ais 's air adhart, mar a bha dol do Mhargaidh nan Earrannan; mar a bha saoghal nam poilitigs agus dè bha tachairt ann an saoghal nan ealain agus mar sin air adhart.

''S ann nas miosa tha na h-ealain a' dol,' ars am Morair agus a lip a' tuiteam. 'Am faca tu an claigeann uabhasach a tha siud le Damien Hirst?'

'Chan fhaca,' dh'aidich Slim, 'ach tha mi eòlach air cuid den ealain eile a rinn e, a' chaora ann a' formaldehyde agus cearban cuideachd. Nach do chosg an cearban £6,000. Chaidh breith air le iasgair proifeiseanta à Astràilia. "The Physical Impossibility of Death in the Mind of Someone Living", nach e sin an t-ainm a thug e air.'

Bha drèin air a' Mhorair. 'By jove, tha mi coma mun ainm, ach a bheil thu fhèin a' smaoineachadh gur e ealain a th' ann an sgudal mar siud? Dh'fhaodadh duine sam bith siud a dhèanamh, beathach a chur ann a' formaldehyde.'

Dh'fhàs Slim mì-fhoighidneach. 'Ach bha thu dol a dh'innse dhomh mun chlaigeann.'

'O, bha, an claigeann, air a dhèanamh de phlatinum, air a chòmhdach le 8, 601 daoimean 's iad a' cosg mu chòig millean deug not, nach eil sin mì-chiatach?'

Bha a' chùis a' tòiseachadh a' còrdadh ri Slim. 'Chan eil an cnàimh fhèin ann, ach dìreach am platinum.'

'Tha sin ceart.' dh'aontaich am Morair. 'Chaidh a chumadh 's a chruthachadh bho chlaigeann duine bhon ochdamh linn deug, ach èist ri seo, tha fiaclan an duine anns a' chlaigeann a tha sin, fiaclan mòra geala, grànda, agus am beul fosgailte ann an craos gàire agus na sùilean mòra dubh agus falamh. Tha mi 'g ràdh riut, chuireadh e gaoir tromhad.'

Ma bha am Morair ag iarraidh sgreat a chur air Slim, cha do chuir. 'S ann a bha e a' fàs na bu dèidheile agus na bu dèidheile air a' chlaigeann mar bu mhotha a chluinneadh e mu dheidhinn.

Chuir Merr sgraing air, 'Agus by jove, a bheil fhios agad an rud as deamhnaidhe buileach... tha, an daoimean a th' anns a' mhaoil...'

'Seadh, arsa Slim, 'dè tha ceàrr air?'

Cha mhòr nach robh am Morair a' tachdadh air an deoch. 'Ceàrr air! A dhuine bhochd, chosg an daoimean ud còrr is trì millean not. An creideadh tu e? Leth-cheud carat agus ga stopadh ann an claigeann gun fheum.'

Cha tuirt Slim guth airson tiotan. Mu dheireadh thionndaidh e ris a' Mhorair agus thuirt e, 'Tha mi dol ga cheannach.'

Cha b' urrainn dha Merr bruidhinn airson greis. Dh'fhàs aodann dearg. Thàinig crith na làimh.

Lean Slim air, 'Gleidhidh e a luach. Bidh e mar dhealbh le Van Gogh, thèid an luach suas agus suas.'

Thàinig na facail thachdte a-mach bhon fhear eile, 'A bheil fhios agad dè na tha iad ag ràdh a chosgas e…'

'Siuthad, inns dhomh,' arsa Slim.

'Leth-cheud millean not.'

Cha tàinig fiamh de dh'anshocair air aodann an fhir bheartaich. 'Tha mi dol ga cheannach,' ars e fhèin. ''S e bargan a th' ann.'

B' ann mar sin a chrìochnaich an còmhradh. Bha am morair air fhàgail gun fhacal 's gun fhios aige an ann a' tarraing às a bha am fear eile, no an robh e dha-rìribh a' dol a thilgeil fortan air an t-sitig.

Ach cha b' ann a' tarraing às a bha Jon Fairly idir. Seachdain no dhà às dèidh a' chòmhraidh san Athenaeum, fhuair e teachdaireachd fòn bho aon den luchd-gnothaich a bhiodh a' dèanamh reic is ceannach dha. Bhiodh an claigeann ga reic ann an Sotheby's ann an latha no dhà agus bha dùil gun cosgadh e co-dhiù leth-cheud millean not. An robh e ag iarraidh dèiligeadh ann am prìsean cho àrd? Rinn Slim soilleir dha gun robh. Gum feumadh e an claigeann a cheannach dha as bith dè chosgadh e. 'Tha mi ag iarraidh a' chlaiginn a tha sin agus dèan cinnteach gum faigh thu e,' thuirt e gu cinnteach, pongail. Dè bh' ann an leth-cheud millean not ach airgead pòcaid do dhuine coltach ris-san.

An latha às dèidh dha a bhith a' bruidhinn ris a' Mhorair Merr, bha e air an claigeann fhaicinn, agus thug e buaidh mhòr air. Cha b' e gun robh e giseagach ann an dòigh sam bith. Air a chaochladh, cha robh saobh-chràbhadh a' tighinn faisg air a nàdar. Cha b' e idir, b' e bha ann gur ann le Damien Hirst a bha an claigeann, gur e esan a dhealbh e – fear-ealain cho ainmeil, no cho droch-chliùiteach, 's a bha san t-saoghal. Dè an diofar, fhad 's a ghleidheadh an claigeann a luach. Agus bha e cinnteach às gun gleidheadh.

Ach bha cuideachd rudan eile ga thàladh chun a' chlaiginn. Na dhòigh fhèin, bha e brèagha agus drùidhteach. Na sùilean mòra falamh dubha agus an gàire mòr fiaclach. Bha daoine ag ràdh nach robh ann ach bling-bling, ach cha b' e. Nach robh na fiaclan cho fìor 's a ghabhadh fiaclan a bhith. Bhuineadh iad do dhuine a bha a' coiseachd air an talamh uaireigin, duine coltach ris fhèin, agus a-nis bha iad cho stàiteil, urramach, cuairtichte le daoimeanan drithleannach, geal, deàlrach.

Ann an latha no dhà bha e air a' fòn a-rithist agus Mìcheal, am fear-dèiligidh aige, ann an Sotheby's air an fhòn-làimhe. Chaidh a' phrìs os cionn leth-cheud millean, ach thuirt e ris cumail air. Cha robh airgead a' dol a chur stad air. Chaidh an tairgse san rup suas gu leth-cheud millean 's a còig, ach cha robh sin gu diofar. Fhuair e an claigeann. 'S ann leis-san a bha e a-nis.

An oidhche sin, bha a h-uile càil air a chur air dòigh aige. Bha na geàird-fhaire aige a-muigh leis na coin gun sgur a' dol timcheall an taighe mar a bhiodh iad a h-uile latha den bhliadhna. Ach a-nochd bha barrachd dhiubh ann agus chaidh a ràdh riutha a bhith gu h-àraidh furachail. Thàinig a' bhan leis a' chlaigeann gu doras-aghaidh an taighe ann an Cranleigh aig deich uairean agus ghiùlain na geàird an claigeann a-staigh dhan t-seòmar a b' fheàrr leis, seòmar-suidhe mòr brèagha le dealbhan ainmeil air na ballachan le Millet, Picasso agus Francis Bacon. Ann am meadhan an t-seòmair bha bòrd mòr, eireachdail, mahoganaidh. Agus ann am meadhan a' bhùird, bha cuisean dearg. Chaidh an claigeann deàlrach a chur gu faiceallach air a' chuisean agus dh'fhalbh na geàird.

Ghlas e na dorsan. Bha e leis fhèin leis a' chlaigeann. Dhòirt e drama uisge-bheatha dha fhèin agus shuidh e sìos aig ceann a' bhùird a ghabhail beachd air an dèideig mhìorbhailich a bha e air a cheannach. Esan, Slim, nach e bha air faighinn air adhart o bha e na phàiste bochd ann an Durham. Dhèanadh an claigeann seo ainmeil e. Jon Fairly, an duine leis an robh an claigeann aig Damien Hirst.

Shuidh e a' coimhead air a' chlaigeann, mar a bha e air a dhèanamh. Na daoimeanan air an seatadh cho faiceallach agus cho mionaideach anns a' mheatailt, na mìltean dhiubh agus an daoimean mòr sgoinneil ann am meadhan a mhaoile. Ach 's e bu mhotha a dhrùidh air na fiaclan, iad cho geal agus slàn agus beò a' coimhead, am beul fosgailte, a' gàireachdainn ris. Na cùlagan cho mòr agus deiseil airson biadh a chagnadh; na clàr-fhiaclan deiseil gus feòil a reubadh. Cha robh beàrn no cosg annta le cus bleith. Feumaidh gur ann le duine òg a bha iad air a bhith.

Agus bha an claigeann slàn cho toilichte a' coimhead, samhla soilleir aotrom a' magadh a' bhàis. Agus smaoinich maighstir a' chlaiginn cho fortanach 's a bha e gur e esan a fhuair an claigeann seo, gur ann leis fhèin a bhiodh e gu bràth tuilleadh. Saoil cò leis a bha na fiaclan; saoil dè am biadh a bhiodh iad ag ithe, smaoinich e? Dè bhiodh an anail a bhiodh a' tighinn eatarra ag ràdh?

'Feumaidh tu mo thiodhlacadh.' Thàinig an guth gun rabhadh sam bith mar gum biodh a-mach às an èadhar timcheall air.

Ghabh Slim leithid de dh'cagal 's gun do thuit e gun mhothachadh chun an làir mar gum biodh peilear air a bhualadh. Bha e mar sin airson mionaid no dhà gus na thòisich e air tighinn mun cuairt. 'S e a' chiad smuain a thàinig thuige gur ann ag aisling a bha e no gun robh e a' dol às a chiall. Chaidh e a-null gu sgàthan a bha mar phàirt den bhalla agus thug e sùil air fhèin. Bha e cho spaideil, seang 's a bha e riamh ach bha aodann air a dhol cho geal ris an anart. Chuala e an guth a-rithist, air a' chùlaibh an triop seo, a' tighinn bhon chlaigeann, 'A Mhgr Fairly, feumaidh tu mo thiodhlacadh.'

An ann a' dol às a chiall a bha e? Bha fios aige gum biodh

daoine a bha a' dol às an ciall a' cluinntinn ghuthan. Cha robh creideamh sam bith aige ann an spiorad no ann an anam. Cha robh ann ach an rud a bha fa chomhair do shùla – agus a' mhargaidh, agus reic agus ceannach.

Chaidh e a-null air a shocair chun a' bhùird agus shuidh e sìos mu choinneamh a' chlaiginn. Thàinig an guth a-rithist, guth fireannaich òig, 'Thuirt mi riut, a Mhgr Fairly, gum feum thu mo thiodhlacadh. Gheibh thu mo chlaigeann o Mhgr Hirst agus cuiridh tu na fiaclan agam còmhla ri mo chlaigeann.'

Bha Slim air chrith. Bha a bheul tioram. Cha b' urrainn dha smaoineachadh ceart. Claigeann a' bruidhinn – bha seo gòrach. Ach chluicheadh e an gèam, mas e gèam a bha inntinn a' cluiche leis.

'Cò thu?' dh'fheòirich e ann an guth critheanach.

Thàinig an guth a-rithist bhon bheul, ged nach robh am beul a' gluasad, 'Is mise Ruaraidh MacNèill, bràthair MacNèill Bharraigh. Chaidh mo mharbhadh ann an 1440 leis a' Ghille Riabhach aig Bealach na Foille ann an Colla far a bheil mo chnàmhan nan laighe gus an latha an-diugh.'

'Ach tha iad ag ràdh gu bheil an claigeann bhon ochdamh linn deug.'

'Chan eil eòlaichean an-còmhnaidh ceart.'

'Chan eil. Carson a chaidh do mharbhadh?'

'Bha blàr ann eadar sinne is Iain Garbh. Thug An Gille Riabhach an ceann dhìom. Tiodhlaic mo chlaigeann agus m' fhiaclan aig Bealach na Foille ann an Colla – no bidh ceannach agad air.'

'Carson a tha thu ag iarraidh do thiodhlacadh?'

Chuir e a' cheist ach cha robh freagairt ann. Chuir e ceistean a-rithist, agus a-rithist, ach cha tàinig aon fhacal an còrr. Thòisich an t-eagal a' traoghadh beagan, 's mar a thàinig a mhisneachd air ais beag air bheag, thuirt e ris fhèin nach robh ann ach mac-meanmna. 'S dòcha a' faighinn rud cho annasach airson a' chiad uair. Mar a chaidh na làithean seachad dh'fhàs e na bu chinntiche nach robh ann ach cleas a chluich inntinn air. A h-uile oidhche bheireadh e an claigeann a-mach às a' chiste-thasgaidh mhòir dhainginn a bha anns an rùm thèarainte. Chuireadh e air a' chuisean dhearg e, ghlasadh e na dorsan, lìonadh e drama agus shuidheadh e air ais a' coimhead le iongnadh agus pròis air an rud a bha leis-san, an rud a bha a h-uile duine ann an saoghal nan ealain a' bruidhinn mu dheidhinn.

Ach aon oidhche bhruidhinn an claigeann a-rithist.

'Seall air do shròin an latha às dèidh a-màireach. Dèan faire.'

Bha rudeigin mun ghuth a chuir gaoir troimhe. Cha robh e cho cinnteach tuilleadh an e mac-meanmna a bh' ann. Dh'fheith e agus dh'fheith e ach cha tàinig facal eile à beul na gàire. Chuir e ceistean, ach cha tàinig freagairt.

Latha no dhà às dèidh sin bha e ga bhearradh fhèin aig an sgàthan nuair thug e an aire do ghuirean air a shròin, guirean dubh agus gorm agus beagan fala a' tighinn às. Cha do chuimhnich e na thuirt an claigeann ris, ach an oidhche sin san Athenaeum thuirt duine ris a bha na lighiche ainmeil a dhol chun an dotair aige leis an spot a bha air a shròin, oir dh'fhaodadh i a bhith cunnartach. 'S ann an uair sin a thàinig na facail air ais thuige: 'Seall air do shròin an latha às dèidh a-màireach. Dèan faire.'

Am feasgar sin fhèin, ghairm e an dotair aige chun an taighe. Cha b' e naidheachd mhath a bh' aige.

'Melanoma,' thuirt e gu trom-chùiseach, 'gun teagamh sam bith.'

Dh'inns e dha cho cunnartach 's a bha melanoma, gum faodadh e a bhith marbh taobh a-staigh sia mìosan mura sealladh e ris sa bhad. Dh'fhòn an dotair ospadal prìobhaideach agus chuir e air dòigh gun deigheadh e a-staigh làrna-mhàireach.

An oidhche sin, thug e a-mach an claigeann a-rithist agus rinn e mar a b' àbhaist: glasadh nan dorsan, a' dòrtadh drama, a' suidhe sìos fo chomhair an uabhais, oir 's ann mar sin a bha e a' coimhead air a' chlaigeann a-nis. Thug e an aire gun robh toll dubh far an robh an t-sròn. Shuidh e airson ùineachan a' feitheamh ri facal. Mu dheireadh, nuair a bha e gu leigeil thairis, thàinig an guth a-mach às an fhalamhachd, 'Biodh seo na rabhadh dhut.'

Sin uile, 'Biodh seo na rabhadh dhut.' Agus ged a dh'fhan e ag èisteachd airson faisg air uair-a-thìde eile, cha tàinig bìog an còrr. Thug e an t-sùil mu dheireadh air a' ghàire chraosaich agus ghlas e an claigeann anns a' chiste-thasgaidh airson an uair mu dheireadh.

Seachd latha às dèidh sin, chunnacas sealladh annasach ann an Colla. Thàinig bhan dhubh thèarainte agus a-mach aiste thàinig fear le brèid geal air a shròin. Cha robh duine eile còmhla ris. Bha e air na geàird fhàgail aig an taigh-òsta. Rinn e cinnteach nach robh duine ga fhaicinn agus rinn e toll ann an àite ris an canadh iad o chionn fhada Bealach na Foille. Chuir e dà chuspair gheal san toll. Bha aon a' deàrrsadh anns a' ghrèin. Dhùin agus dh'fhalaich e an toll gu cùramach leis na sgrathan.

Ged nach tug e an aire, bha cuideigin ga fhaicinn agus ga choimhead. Bha e na sheasamh trì slatan air a bheulaibh, ach bha an duine a bh' ann gu tur neo-fhaicsinneach.

An Tidsear agus na Fiaclan Fuadain

I

'DÈ NA THA e? Ailein.'

'C' est combien?'[1]

'Merci, très bien.'

Bha Monsieur Rousselon air beulaibh a' chlas. An-diugh bha cùisean a' dol gu math. A-màireach, 's e rud eile a bhiodh ann agus an neach-sgrùdaidh a' tighinn.

2A, clas math, clas còir, laghach. Ach Ailean a-mhàin, 's e fìor rasgal a bh' ann. Bha e ag ùrnaigh nach milleadh esan a h-uile càil. Agus bha adhbhar aige.

'Cofaidh dubh. Alison.'

'Un cafe noir.'

'Excellent.'

Alison, bha ise math, bha ise uabhasach math.

Chuir Ailean suas a làmh.

'Seadh Ailean.'

Monsieur Rousselon, ciamar a chanas sibh, 'Tha m' fhiaclan fuadain briste?' Chaidh monmhar thairis a' chlas mar ghaoith tron fheur air latha foghair. Dh'fhairich M. Rousselon a chasan a' call an lùths. Chùm e a stamag a bha caran mòr a-staigh. Dh'fhàs aghaidh geal agus an uair sin dearg. Chuir e air aodann cho cudromach 's a b' urrainn dha. Dh'fheuch e ri gàire a dhèanamh, a' smaoineachadh air na thachair.

'Mon dentier est cassé.'

---

[1] Faicibh am 'Briathrachas' aig an deireadh.

Rinn Ailean gàire mhagail, a' dèanamh cinnteach gun cluinneadh a h-uile duine e.

Bha eagal air gun tachradh e, gun canadh am meaban doirbh seo rudeigin mu dheidhinn na chunnaic e air an oidhche roimhe.

Bha e fhèin 's dà thidsear eile air a bhith anns an taigh-sheinnse agus cò bha ag obair sa chidsin ach Ailean. Cha robh sìon a dh'fhios aige air sin nuair a chaidh e dhan taigh-òsta. Ach cha robh e fada ga fhaighinn a-mach.

Bha e fhèin agus a charaidean a' gabhail pinnt nuair a thachair an rud b' uabhasaiche a thachair dha riamh. Ciamar a b' urrainn dha a bhith beò anns an sgoil ud tuilleadh? Bha Rob, a charaid, ag innse sgeulachd èibhinn dha fhèin agus dha Aidan. B' ann air Aidan a bha Rob a' sealltainn agus cha tug e an aire dè a thachair dhàsan. Ach rinn esan gàire mhòr, agus gun rabhadh sam bith leum na fiaclan fuadain aige a-mach às a bheul agus thuit iad air an làr. Cho luath ri peilear chrom e sìos, rug e orra agus stob e air ais na bheul iad.

Dìreach mar a bha e a' togail a' chinn thug e an aire do dh'aodann le plìon gàire air, a' spleuchdadh tro uinneag doras a' chidsin. Ailean! Ailean, an toirmeasg uabhasach ud à 2A.

Chaidh gaoir tro fheòil. Dè dhèanadh e? Bha cheart cho math dha an sgoil fhàgail. Duine sam bith eile 's bhiodh e air a bhith caran coma – ach Ailean! Cha deigheadh càil mar siud seachad air an rasgal ud. 'S bhiodh siud aige, mar chnàimh aig cù, fad mhìosan, fad bhliadhnaichean, dh'fhaodadh tu a bhith cinnteach.

Agus cinnteach bha e. E na sheasamh air beulaibh 2A agus ag òrdachadh gun sluigeadh an t-ùrlar e.

'Cuiribh na leabhraichean air falbh', dh'òrdaich e.

Gu fortanach, cha robh ach dhà no thrì mhionaidean air fhàgail gu seirmeadh an clag.

'Cuimhnichibh, tha M. Molyneux an neach-sgrùdaidh an seo a-màireach. Feumaidh sibh a bhith glè mhodhail agus dìcheallach', thuirt e gun chus dòchais na ghuth.

Nuair a bha an clas a' falbh, rinn Ailean gàire ris, a' sealltainn nam fiaclan brèagha geala aige dha; na fiaclan a bhuineadh uile dha fhèin. B' e siud a' chiad uair a rinn e gàire ris a-riamh. Cha b' e an turas mu dheireadh, smaoinich e ris fhèin gu leamh.

Nuair a dh'fhalbh an clas, chaidh a làmh gu a bheul. Dh'fhairich e fhiaclan. Dìreach airson dèanamh cinnteach. Nam biodh iad air a bhith mar sin a-raoir. No mura biodh 'cùis-mhulaid a bheatha' air an tubaist fhaicinn. Dh'fheumadh e rudeigin a dhèanamh mun ghille ud. Ach dè?

2

'S E DUINE CUDROMACH, tomadach a bh' ann am M. Molyneux. Nuair a choimheadadh e ort leis na sùilean mòra a bha mar dà lòn anns a' mhòintich, bha thu cinnteach gun robh deireadh an t-saoghail a' tighinn faisg. Bhiodh iad a' toirt na chuimhne na sùilean aig Clement Freud nach maireann, an craoladair ainmeil.

Làrna-mhàireach, mus tàinig an clas a-staigh, bha còmhradh dùrachdach eadar e fhèin agus an neach-sgrùdaidh. Bha e air tighinn chun a' cho-dhùnaidh a h-uile càil innse dhan fhear a bha a' dol a sgrùdadh an leasain aige. Cha robh dà dhòigh air.

Air a' mhadainn sin, mus do dh'fhalbh e dhan sgoil, choimhead e air fhèin anns an sgàthan, a' dèanamh cinnteach gun robh e sgiobalta airson na sgoile. Cha robh e cho dona sin, thuirt e ris fhèin, ged a bha e 55 bliadhna a dh'aois agus fhalt air liathadh. Carson a leigeadh e le rud cho suarach ri fiaclan fuadain a ruagadh às a dhreuchd. Dreuchd a bha a' còrdadh cho mòr ris.

Nise bha e ag innse na fìrinn dhan neach-sgrùdaidh. Ghnog M. Molyneux a cheann. Rinn e gàire bheag ge b' oil leis. Chuir e làmh air gàirdean an fhir eile, 'Fàg thusa agamsa e,' thuirt e gu socair.

Thàinig an clas a-staigh. Thòisich an leasan. Bha Ailean na shuidhe aig beulaibh a' chlas, glè fhaisg air M. Molyneux. An-diugh 's e "A' dol dhan Bhùth airson Biadh" cuspair an leasain. Bha aca ri còmhradh a sgrìobhadh eadar dithis agus an uair sin aithris air beulaibh a' chlas.

'Est-ce que vous vendez du pain?'
'Un litre de lait.'
Rudan mar sin.

Bha a h-uile càil a' dol gu math. Bha M. Rousselon cho toilichte ri rìgh na lùchairt. Cha robh dad a' dol ceàrr agus bha an rasgal beag uabhasach modhail. Gu neo-àbhaisteach modhail.

Bha iad uile deiseil a' sgrìobhadh agus ag obair nan dithisean, leugh iad na còmhraidhean aca a-mach, agus sin air beulaibh a' chlas. 'S e an turas aig Ailean agus Seumas a bh' ann. 'S e còmhradh goirid a bh' aca.

'Cent grammes de jambon, s'il vous plait.'
'Oui, tres bien, cent grammes jambon.'
'Au secours! Mon dentier est cassé. Est-ce que vous vendez dentier?'
'Comment? Excusez-moi! Pardon!'

Rinn an clas gàire. Dh'fhàs aodann M. Rousselon beagan dearg, ach cha do leig e air gun deach dad uabhasach a ràdh. Shuidh an dithis ghillean sìos. Ailean agus plìonas air, a' chùis a' còrdadh ris. Cha deach guth a ràdh ris agus thàinig an leasan gu crìch.

Dh'èirich an clas airson falbh. Mar a bha iad a' dol a-mach, rinn M. Molyneux soidhne ri Ailean e fuireach air ais.

Nuair nach robh ann ach e fhèin agus an gille agus M. Rousselon, thuirt e ri Ailean suidhe mu choinneamh. Bha M. Rousselon air taobh eile an rùim. Cha chluinneadh e ceart dè a bha M. Molyneux ag ràdh ris a' ghille. Ach bha Ailean a' coimhead air na sùilean mòra dùrachdach le iongnadh agus beagan èiginn.

Chuala e na facail 'fiaclan fuadain', 'granaidh' agus 'litir', ach sin uile a dhèanadh e a-mach.

'Ceart, faodaidh tu falbh, thuirt M. Molyneux ris mu dheireadh.

Tha mi an dòchas nach cluinn mi an còrr mu do dheidhinn.'

'Cha chluinn, cha chluinn,' fhreagair Ailean gu h-iriosal.

Dh'èirich e airson falbh. Bha am pìonas air falbh. Cha do rinn e gàire ri M. Rousselon nuair a bha e a' dol seachad air idir. Ach thuirt e ris ann an guth cho bog ris an ìm, 'Tha mi duilich Monsieur Rousselon. Tha mi uabhasach duilich.'

Thug M. Rousselon taing do M. Molyneux. Cha robh an luchd-sgrùdaidh cho dona idir.

Bhon latha ud a-mach cha do chuir Ailean dragh sam bith air. Bhiodh e tric a' smaoineachadh air na thachair agus thàinig e chun a' cho-dhùnaidh gum feumadh gun robh gaol mòr aig Ailean air a' sheanmhair – agus gum feumadh gun robh fiaclan fuadain aice cuideachd.

Briathrachas

C' est combien? – Dè na tha e?
Merci, très bien – Tapadh leat, math fhèin
Un café noir – Cofaidh dubh
Excellent – Fìor mhath
Mon dentier est cassé – Tha m' fhiaclan fuadain briste
Est-ce que vous vendez du pain? – A bheil sibh a' reic aran?
Un litre de lait – Liotair bainne
Cent grammes de jambon, s'il vous plait – 100 gram hama, mas e bhur toil
Oui, tres bien, cent grammes de jambon – Seadh, math fhèin, 100 gram hama
Au secours! – Cuidich (mi)!
Comment? – B' àill leibh?
Excusez-moi! – Gabh(aibh) mo leisgeul!
Pardon! – Duilich, gabh(aibh) mo leisgeul

Baile Sgàil a' Bhàis

'A BHEIL SIBH cofhurtail?' ars an craoladair òg agus i air am maic a chur air blobhsa na caillich. Bha i a' cruinneachadh sgeulachdan mun Chiad Chogadh agus bha i air cluinntinn gun robh sgeulachd inntinneach aig Anna.

'Tha, cho cofhurtail 's a bhios mi,' fhreagair i.

'Glè mhath. Ma tha sibh deiseil faodaidh sibh tòiseachadh.' Chuir i an t-inneal a dhol.

A bhrònag bhochd, bha thu a' faighneachd dhomh mu dheidhinn a' chogaidh 's mar a thachair dha Iain. Uill, innsidh mi sin mar as fheàrr as urrainn dhomh. Innsidh mi e bhon toiseach. Ged tha a' chuimhne a' fàs meirgeach, tha rudan ann nach tèid gu bràth air dhìochuimhn', ged a tha mi 'n aois a tha mi.

Bha i mi fhìn agus Iain eòlach air a chèile mus robh cogadh a-riamh ann, mus robh guth air cogadh. Am balach aig Dòmhnall a' Chnagaidh. Nach robh sinn nar nàbaidhean ann am Baile Sgàil a' Bhàis. Sin a chanadh mo sheanair ris a' bhaile againn mus robh deireadh a' chogaidh ann, agus bha e airidh air, O bha, bha e airidh air, agus na bailtean mun cuairt. Cha robh a-riamh ann an eachdraidh an t-saoghail a leithid de lèirsgrios. Tha sin cinnteach.

Mi fhìn is Iain, bha na croitean againn dìreach ceithir cheud slat bho chèile. Nuair a thòisich an Cogadh bha mise ochd-deug agus esan naodh-deug. Agus feumaidh mi aideachadh, ged a tha e doirbh dhomh a ràdh, ach bha thu ag iarraidh an tul-fhìrinn, bha gaol mòr againn air a chèile. Cha bu chòir cailleach a bhith 'g ràdh sin, ach bha. Sin mar a bha.

Cha robh mi 'g iarraidh gu falbhadh e, O, cha robh idir, ach cha chanainn sin ris-san, O, cha chanadh ann am mìle bliadhna. Bha na balaich uile cho pròiseil nan èideadh cogaidh.

'Dè man a tha sin?' ars e fhèin, 's e a's an fhèileadh, ann an deise nan Sìophortach, 'dè man a tha sin?'

'Eireachdail, tha thu dìreach eireachdail.' 'S bha mi ga chiallachadh, O bha, bha e a' coimhead cho spaideil agus toilichte. Bha, agus a h-uile mac màthar dhiubh. Coinneach mo bhràthair, bha esan a's an nèibhidh, a's an RNR. Cha robh e ach 19, an truaghan. Chaidh a chall a's a' chogadh. Bha tòrr dhe na balaich a's an Nèibhidh.

'Och, bidh sinn dhachaigh ron Bhliadhn' Ùir,' chanadh Iain le gàire. 'Na biodh dragh ort a ghràidh, cuiridh sinne smod às na Gearmailtich.' Bha e an-còmhnaidh a' gàireachdaich. O, a ghràidh ort, nam biodh fios air a bhith aca. Ach cha robh rùm ann a bhith meata no doicheallach ann an dòigh sam bith. Bha iad a' dol a dhìon na rìoghachd.

Bha e a's a' Mhailisidh. Bu chaomh leis sin gu mòr, a' falbh gu campa air tìr-mòr airson cola-deug as t-samhradh còmhla ri charaidean às a' bhaile. Gheibheadh iad trèanadh, a' mèarrsadh 's ag obair le gunnaichean 's thigeadh iad dhachaigh deiseil airson cogadh. Deiseil airson am bàs fhèin fhulang.

'S ann air an t-Sàbaid an dàrna latha den Lùnastal a thàinig an litir ga ghairm, smaoinich thusa. 'S e latha eile a bha san t-Sàbaid an uair ud. Gu cinnteach cha robh dùil aig duine ri litir. Mar a chanas iad sa chànan eile, 's e 'shock' a bh' ann. A's a h-uile baile, bha na litrichean a' dol gu na taighean, gu na balaich òga, bha aca uile ri falbh. 'S cha robh dàil ann. Bha cabhag anns a' gnothach, bheil thu tuigsinn. Bha na Gearmailtich a' maoidheadh air a' Bheilg agus air an Fhraing. Cha robh dol às ann ach seasamh nan aghaidh. Na pàipearan-naidheachd làn den chunnart a bha fa chomhair na dùthcha.

Agus 's iomadh màthair agus athair a bha brònach an oidhch' ud.

BAILE SGÀIL A' BHÀIS

Oidhch' na Sàbaid agus am mac no gu dearbh am mic a' falbh an ath latha. 'S iomadh ùrnaigh a chaidh suas anns an eilean air an oidhch' ud gun tilleadh iad air ais sàbhailte. Nam biodh fios air a bhith aca.

Ach tha mi dol air thoiseach orm fhìn. Air an t-Sàbaid ud chaidh mi chun an taigh' aige. 'S e taigh-tughaidh a bh' ann mar a bh' aig a h-uile duine an uair ud. 'S bha sinne nar suidhe air a' bheing, 's an teine ann am meadhan an làir. 'S Ruairidh beag, bràthair Iain, air bun de stòl 's a phiuthar, Flòraidh Anna, bha ise ann cuideachd 's i man aois agam fhìn. 'S Glen, an cù, na laighe fon bheing 's a shròn a' steigeadh a-mach, furachail air na bha tachairt, mar gun robh faireachadh aige nach robh cùisean buileach ceart.

Tha cuimhne a'm, ghabh athair Iain a' Leabhar 's bha sinn air ar glùinean aig a' bheing agus h-abair gun deachaidh guidhe suas an oidhch' ud gun toireadh Dia Iain dhachaigh sàbhailte 's tha cuimhn' a'm cuideachd air an salm a sheinn sinn, dà fhichead 's a sia,

'Gu iomall fòs an domhain mhòir
an cogadh nì e chasg:
Am bogha bhris, an t-sleagh do gheàrr,
an carbad-cogaidh loisg.'

Bha e math gun robh creideamh làidir aca. A ghràidh ort, bha feum gu bhith aca air.

'Feuch gu sgrìobh thu thugam, dèan cinnteach gu sgrìobh thu, agus inns a h-uile naidheachd dhomh,' sin cha mhòr na facail mu dheireadh a thuirt e rium mus do dh'fhalbh e làrna-mhàireach air a' bhàta a Steòrnabhagh.

Gu nàdarra, gheall mi sgrìobhadh thuige agus gheall esan sgrìobhadh thugamsa. 'S bha na balaich uile ann an deagh shunnd aig a' chidhe a's a' Phort agus iad ag èigheach, 'Chì sinn a dh'aithghearr sibh.' Bha crathadh làimh ann 's bha deòir ann.

'S ann a's an Fhraing a bha Iain leis a' BhEF, no am British Expeditionary Force mar a theireadh iad. Chaidh iad air an trèana sìos gu Campa Shorncliffe ann an Kent ann an tòin Shasainn agus às a sin dhan Fhraing. Fhuair mi a' chiad litir bhuaithe à Shorncliffe. 'S ann am Beurla a bha i, cha robh sgrìobhadh Gàidhlig aige no aig duine againn aig an àm ud. Nach e Beurla a bh' againn san sgoil. Seo mar a bha i a' tòiseachadh,

My Darling Anna,
I promised to write to you and here goes then. I am well in health and I hope you are all the same. I am thinking of you a lot. We have been training and marching, so I am quite fit now, fitter than I've ever been. I hear we might be going to France next week. I'll write to you from there. See and write back at once with all the news from home. Let me know how father is doing with Star…

Agus mar sin air adhart. 'S e Star an t-ainm a bh' air an each aig athair. Sgrìobh mi air ais thuige 's chùm sinn a' sgrìobhadh gu chèile. An toiseach bha na litrichean caran dòchasach, ach mar a bha an cogadh a' dol air adhart bha mi 'g aithneachadh orra nach robh e cho toilichte. Ged nach innseadh e mòran.

Thàinig an geamhradh 's thòisich na droch naidheachdan a' tighinn chun a' bhaile againne agus gu na bailtean mun cuairt. Bho Bhaile an Truiseil gu Port Nis, cha robh baile air a chaomhnadh. Cha b' fhada gus na thòisich daoine a' tuigsinn nach e cogadh àbhaisteach a bh' ann idir. Mar a thuirt am bàrd 's e bruidhinn mu dheidhinn cogadh:

'Spùinnidh tu mhàthair de mic,
Spùinnidh de fear a' bhean-òg,
Spùinnidh de 'n athair a' chlann,
Spùinnidh de gràdh an òigh.'

Agus gu dearbh 's e sin a bha tachairt. 'S iomadh dachaigh a bha le dithis no triùir bhalach sa chogadh agus 's iomadh sùil iomagaineach a bh' air an rathad 's iad a' faicinn am post a' tighinn. An ann dhaibhsan a bhiodh an litir fhoirmeil a bha tòiseachadh:

'Madam, it is my painful duty to inform you that a report has been received from the War Office notifying the death of…' agus bhiodh ainm a' bhalaich ann. Agus a-rithist glè thric bhiodh e ag ràdh: 'The report is to the effect that he was killed in action.'

Nach iomadh màthair agus athair agus teaghlach eadar Port Nis agus Siadar a bh' air an lèireadh le bròn agus gal agus doilgheas nuair a thigeadh an litir ud. 'S mar a bha bliadhnaichean a' chogaidh a' dol seachad 's ann nas miosa a bha e fàs, 's daoine a' cluinntinn na batail a bha tachairt – Mons agus Ypres, Blàr a' Somme agus Gallipoli agus aig muir bàtaichean air an call. Oillt is uamhann air daoine gur ann dhaibhsan a bhiodh an droch naidheachd.

O, a ghràidh ort, sin mar a bha mise cuideachd, a' feitheamh ri litir 's gun fhios agam an ann bhuaithesan a bhiodh i no an ann bhon Record Office ag innse droch naidheachd mum bhràthair Coinneach. Bha e gam chur ceàrr, tha mi 'g innse dhut.

Ach an latha seo, bha mi 'g obair a-muigh air a' lot agus chunna mi fear a' phuist a' tighinn chun an taigh' againn agus chaidh mi na choinneimh.

''S ann dhutsa, a ghràidh, a tha an tè seo,' thuirt e le gàire bheag. 'Se sin a chanadh e a h-uile turas. Bha fhios aige glè mhath gur ann bho Iain a bha i. Cha bu dùraig dhomh coimhead air, ach chaidh mi nam chabhaig a-steach airson an litir a leughadh.

Shuidh mi air a' bheing. Cha mhòr nach deachaidh mi seachad. Chaidh mi cho geal ris an anart. Bha mo mhàthair aig a' bhiota, a' dèanamh ìm. Sheall i a-null orm, 'A bheil thu ceart gu leòr a luaidh.'

Shuidh mi balbh. 'Chan eil,' thuirt mi mu dheireadh fo m' anail.

Thàinig i a-nall thugam 's a h-aodann làn iomagain.

'Tha Iain a' tighinn dhachaigh air fòrladh. Tha e 'g iarraidh mo phòsadh,' thuirt mi agus crith nam ghuth.

Shuidh i sìos ri mo thaobh air a' bheing. Chaidh i fhèin beagan geal, 'O, a ghràidh ort, an e sin a tha e ag iarraidh?' agus às dèidh greis, 'Banntrach cogaidh.'

Chaidh na facail sin mar ghath trom chridhe. Bha fhios a'm dè fèir an t-eagal a bh' air mo mhàthair. 'S e 1917 a bh' ann agus bha naidheachd bàis air a bhith a' tighinn chun na sgìre a h-uile seachdain bhon a thòisich an cogadh. An robh e ciallach a bhith a' bruidhinn air pòsadh?

Bha làithean ann mus b' urrainn dhomh freagairt a chur thuige. Cha b' urrainn dhomh a dhiùltadh, 's cha b' e idir gun robh mi a' faireachdainn gur e mo dhleastanas a bh' ann. O, cha b' e. Mar a thuirt mi, bha gaol mòr agam air, bha mi 'g iarraidh a phòsadh. Ged a bha fhios a'm gum biodh eagal orm, an aon eagal 's a bh' air mo mhàthair, an aon eagal 's a bhiodh air fhèin anns na trainnsichean. Ach dh'fheumadh e tachairt, ma bha esan ag iarraidh mo phòsadh, sin mar a bhiodh e.

Agus sin mar a bha e. Fhuair e dhachaigh aig àm na Bliadhn' Ùir'. Agus h-abair gun robh deòir agus toileachas agus àmhghar anns a' choinneachadh sin. O, a ghràidh ort, phòs sinn ceart gu leòr agus bha subhachas agus gàirdeachas anns a' phòsadh 's aig a' bhanais. Ach bha boinneagan searbh anns an t-sùgh mhilis agus fhios againn gum feumadh sinn dealachadh gu luath agus gum feumadh esan a dhol air ais gu far an robh sgrios agus cunnart agus brùidealachd agus èiginn.

Chan e gun canadh e cus mu na bha e a' fulang. Ach cha leigeadh e leas guth a ràdh. Bha na dh'fhuiling e sgrìobht' air clàr aodainn. Cha b' e an aon duine a bh' ann 's a dh'fhàg an taigh trì bliadhna air ais. Aotrom, a' gàireachdaich, làn dòchais a' falbh, ach a-nis bha sgàile air aodann a bha doirbh dhòmhsa a thuigsinn. Mar gun robh e air rudan fhaicinn nach gabhadh an aithris.

Bhithinn ga cheasnachadh, ach chan innseadh e mòran. Bha mi a' smaoineachadh aig an àm nach robh e 'g iarraidh dragh a chur orm. Co-dhiù, thàinig am fòrladh gu deireadh agus dh'fheumadh e dhol air ais dhan Fhraing. Cha b' urrainn dhomh a chur ann am briathran mar a bha mi a' faireachdainn. Bha mi 'g ùrnaigh nach tachradh càil dha. A h-uile latha bha mi 'g ùrnaigh.

'S e bliadhna fhada a bh' ann ach mu dheireadh thàinig deireadh a' Chogaidh 's thàinig litir bhuaithe ag ràdh gun robh e a' faighinn 'demob'. Bhiodh e a' tighinn dhachaigh air a' *Sheila* thuirt e. Bhiodh e dhachaigh air latha na Bliadhn' Ùir'. Nuair a leugh mi sin, chuir mi romham sa bhad gun deighinn a Steòrnabhagh ga choinneachadh. Bheirinn leam an leanabh, oir bha leanabh air a bhith agam. Bha e dìreach trì mìosan a dh'aois agus bha Iain air bhioran airson fhaicinn. 'S e Iain an t-ainm a thug sinn air an leanabh cuideachd.

Fhuair mi eathar às a' Phort gu Steòrnabhagh agus dh'fhuirich mi còmhla ri Peigi piuthar mo mhàthar a bha a' fuireach ann an Lacasdal. Bha ise toilichte gu leòr leabaidh a thoirt dhomh airson na h-oidhche ged nach fhaca mise sealladh den leabaidh an oidhch' ud. Ann an uairean tràth na maidne bha mi air a' chidhe còmhla ri mòran eile a' feitheamh ris a' *Sheila* agus mi a' cur thairis le toileachas agus gàirdeachas. 'S mi 'g ràdh rium fhìn, Chì mi e slàn sàbhailte mu dheireadh thall 's cha leig a leas dragh a bhith orm tuilleadh. Bidh athair aig a' leanabh agus cùl-taic agam fhìn.

Bha Iain beag caran cànranach 's tharraing mi nas dlùithe rium e 's mi ga chofhurtachadh 's ag ràdh, 'Cha bhi e fada, a ghràidhein, 's chì thu d' athair. Bà, bà a-nise.'

Thàinig am bàta mu dheireadh 's bha saighdearan agus seòladairean a' sruthadh dhith làn aoibhneis is aiteis gun robh iad air talamh tròcair. Ann an gàirdeanan muinntir an gaoil às dèidh iomadh cruaidh-chàs agus àmhghar. Nam biodh cridhe idir annad, bheireadh siud deòir gu do shùilean.

Ach cha robh sgeul air Iain. Agus mar a bha an duine mu dheireadh a' tighinn far a' bhàta bha mi a' fàs tinn le eagal is imcheist. Dè thachair dha, càit a' robh e? Thuirt e gun robh e a' tighinn air a' *Sheila*. Cha robh fhios a'm dè a dhèanainn. Chaidh cùisean na bu mhiosa nuair a choinnich mi ri fear às a' sgìre againn agus thuirt e nach fhaca e sgeul air Iain. Ach thuirt e gun robh bàta eile air an Caol fhàgail, an *Iolaire*, agus tha fhios nach b' fhada gus an tigeadh ise. Bu chòir dhi a bhith ann a-nis, thuirt e.

Bha feadhainn ag ràdh cho neònach 's a bha e nach robh an *Iolaire* air ruigheachd, 's i air fàgail leth-uair a thìde ron *Sheila*. Dh'fhuirich mi aig a' chidhe còmhla ri tòrr dhaoine eile agus iad a' feitheamh ri càirdean a thighinn air an *Iolaire*. 'S mar a b' fhaide chaidh an oidhche 's ann a b' iomagainiche a bha daoine a' fàs. 'Càit idir a bheil i,' bha daoine a' gal, 'bu chòir dhi a bhith seo a-nis.'

Bha solas an latha ann mus tàinig cuideigin leis an naidheachd, 'Tha an *Iolaire* air na creagan aig Biastan Thuilm.' Chaidh gairiseachadh trom fheòil 's dh'fhàs mo chasan lag. An robh Iain air a' bhàta sin? An e sin bu choireach nach robh e air a' *Sheila*? Mar a chaidh a' mhadainn air adhart agus a thòisich na naidheachdan a' tighinn 's ann a thuig sinn cho fìor dhona 's a bha cùisean.

Thòisich mi a' gal 's cha b' urrainn dhomh sgur. Ceithir bliadhna sna trainnsichean, fhuair e tro na sligean 's na peilearan 's am puinnsean 's na spreadhaidhean. Am feumadh e crìochnachadh mar seo, air a bhàthadh air a starsaich fhèin? Chan fhulaingeadh mo chridhe an cràdh. Agus 's iomadh màthair agus athair agus leanabh agus leannan eile a bha san aon shuidheachadh.

'S e latha dòrainneach a bha sa chiad latha den bhliadhna, dhòmhsa agus do cheudan eile. Bha mi an làn dùil gun robh mi air Iain a chall. Bha mi ann an taigh piuthar mo mhàthar 's mi a' gal gun sgur. Cha robh mi riamh a' faireachdainn mar siud – cho truagh, aonranach, air chall.

Dh'fheumainn a dhol dhachaigh. Cha robh mi ag iarraidh an còrr dragh a chur air m' antaidh. Bha mi a' dèanamh deis airson falbh nuair a thàinig m' antaidh na ruith a-steach thugam agus a h-anail na h-uchd, 'Tha do mhàthair aig an doras,' ghlaodh i. 'Tha telegraf aice bho Iain.' Bha siud cus dhomh. Dh'fhanntaig mi air a' spot far an robh mi. Nuair a thàinig mi mun cuairt bha mo mhàthair na seasamh os mo chionn. 'Tha Iain sàbhailte, a ghràidh,' thuirt i. 'Tha e a' tighinn a-nochd.' Shìn i an telegraf dhomh.

Leugh mi i le sùilean dearga làn deòir: 'Met cousin Calum in Inverness, delayed and missed train, will be home tomorrow'

Sin mar a thachair dhomh fhìn 's dha Iain. Bha e duilich, duilich, ach fhuair sinn seachad air, ach bha mòran eile 's cha robh iad idir cho fortanach.

'Tapadh leibh, Anna,' thuirt an craoladair òg, agus i a' toirt dhith am maic, 'bha siud dìreach iongantach fhèin.'

'Siud mar a thachair, a ghràidh, siud mar a thachair. Àm duilich ann an iomadh dòigh.'

Caol-theàrnadh

'BIDH TU CEART gu leòr, cha robh ann ach aisling,' thuirt Ailig. Chuir e a làmh timcheall oirre ga cofhurtachadh.

'Chan e aisling a bh' ann idir. Tha mi cinnteach gum faca mi iad, tha mi cinnteach,' thuirt Sandra le crith na guth.

'Bidh thu ceart gu leòr.' Cia mheud uair a thuirt e siud rithe on a dh'fhàg iad an taigh?

Bha iad ann an taigh-òsta ann an Cadiz ann an Andalucia air mìos nam pòg. A' ghrian a' deàrrsadh, beatha shona air thoiseach orra. Cha robh ann ach aon rud suarach a thachair air an t-slighe a bha a' cur smal air a' chùis. A-rithist agus a-rithist bho thàinig iad dhan Spàinn, bha iad a' dol thairis air mar a thachair.

Ma dh'fhaodte, smaoinich Ailig, nach robh dithis air an t-saoghal cho toilichte riutha air an latha ud anns an Ògmhios, an latha a phòs iad ann an Inbhir Nis. Agus carson nach bitheadh? An dithis aca 25, b' aithne dhaibh a chèile on bha iad ann an Àrd-sgoil an Òbain. Thòisich iad a' dol a-mach le chèile nuair a bha iad còig-deug. Nuair a dh'fhàg iad an sgoil, chaidh an dithis aca dhan oilthigh ann an Glaschu, esan a dhèanamh Cùrsa Gnìomhachais agus ise a' dèanamh Rianachd agus Fàilteachas.

A-nise, bha a ghnìomhachas fhèin aigesan, companaidh reic thaighean, agus bha Sandra ag obair na bana-mhanaidsear ann an taigh-òsta mòr ann an Inbhir Nis.

An latha ud, air a' mhadainn às dèidh a' phòsaidh, dh'fhàg iad Inbhir Nis anns a' Mhercedes aca air an slighe a Ghlaschu. Ann an Glaschu gheibheadh iad plèana gu Andalucia anns an Spàinn.

'Smaoinich,' thuirt i le gàire, a' toirt crathadh dha a falt fada dualach ruadh, 'cola-deug leinn fhìn air falbh bho ar n-obair.'

'Nar laighe anns a' ghrèin,' thuirt e le gàire aotrom air ais.

Cho fortanach 's a bha e, smaoinich e, boireannach mar Sandra a phòsadh agus gaol aca air a chèile bho bha iad glè òg. Cha b' urrainn dha gun sùil a thoirt oirre bho àm gu àm, i cho brèagha agus cho toilichte a' coimhead.

Bha iad air an rathad fada a ghabhail à Inbhir Nis a Ghlaschu, dhan Ghearasdan an toiseach agus an uair sin dhan Òban, oir bha iad ag iarraidh tadhal air a' bhaile far an deach iad dhan sgoil còmhla. A-nis, bha iad air A' Chrìon-Làraich fhàgail air an cùlaibh agus a' dèanamh air Glaschu agus am port-adhair.

'O crois,' ars Ailig gu h-obann.

Choimhead i air gu h-iomagaineach, 'Dè tha ceàrr a luaidh?'

'Chan eil fhios 'am. Tha an càr a' call a chumhachd. Tha e a' dol a stad.'

Bha aige ris a' chàr a stiùireadh gu cliathach an rathaid, far an robh àite-stad. Cha robh e a' tuigsinn dè bha ceàrr. 'S e càr an ìre mhath ùr a bh' ann, dìreach bliadhna bho fhuair e e. Agus b' e Mercedes a bh' ann. Cha robh dùil sam bith aige gum briseadh e sìos orra.

Sheall iad ri chèile agus an uair sin air an uair. Bha e gu bhith ceithir uairean, agus am plèana a' fàgail aig ochd. Cha b' uilear dhaibh na bh' ann de thìde. Dh'fheuch e ris a' chàr a chur a dhol uair no dhà, ach cha tigeadh srad às.

'O, nach eil sin deamhnaidh,' thuirt e le frionas, 's math gu bheil mi san AA.'

Thug e a-mach cairt an AA às a spòran agus dh'fheuch e an àireamh aca air an fhòn-làimhe aige. Ach cha robh am fòn aige ag obair. Dh'fheuch Sandra an tè aicese, 'Chan eil seo ag obair nas mò, chan eil siognal idir ann,' ghlaodh i gu leamh.

Shuidh iad airson mionaid nan èiginn, a' smaoineachadh air dè a b' urrainn dhaibh a dhèanamh. Chailleadh iad am plèana agus bhiodh an clàr-ama air fad aca a' dol ceàrr. Bha iad ann am meadhan fàsaich 's cha robh dòigh aca air cuideachadh fhaighinn.

B' e Sandra a thug an aire dhan togalach a bha leth-fhalaichte leis na craobhan beithe.

'Seall,' dh'èigh i, 'an t-àite a tha sin, nach leigeadh iad leinn am fòn aca a chleachdadh.'

'A, a ghaoil, shabhail thu ar beatha a-rithist. Cha bhi mi fada,' agus a' toirt pòg aithghearr dhi air a gruaidh, ghabh e a-mach às a' chàr agus a-null chun an togalaich.

'S e ionad brèagha àrd glainne a bh' ann, le co-dhiù ceithir làir, agus tron ghlainne chitheadh e staidhre iarainn a' dol suas chun an ath làir. Cha robh ainm air an togalach idir.

Dh'fhosgail na dorsan glainne dha leotha fhèin. Ghabh e a-steach. Cha robh deasg no duine air an làr ìosal ach bha saighead a' comharrachadh slighe suas nan steapaichean, agus lean e an t-saighead. Nuair a fhuair e gu mullach na staidhre b' e a' chiad smaoin a thàinig thuige teicheadh. Ach bha a chasan air an lùths a chall. Chaidh gaoir tro fheòil.

Air a bheulaibh agus nan seasamh fo sgàilean mòr failleasach bha seachd no ochd creutairean nach buineadh dhan t-saoghal seo idir. Mu ochd troighean a dh'àirde, bha dusan cas orra agus na cinn aca mar chinn chon le sùilean mòra uaine deàrrsach. Dh'fheuch e ri tionndadh airson ruith, ach cha b' urrainn dha. Thàinig dithis dhe na creutairean ga ionnsaigh…

Bha Sandra na suidhe sa chàr a' feitheamh. Bha co-dhiù deich mionaidean on a chaidh e a-steach dhan togalach ghlainne a chitheadh i tro na craobhan. Cha robh e coltach ri Ailig idir a bhith a' cur dàil ann an dad a bha e ris. Cha toireadh e cho fada sin air fòn a chur chun an AA.

Mu dheireadh chaill i a foighidinn agus rinn i air an togalach. Mar a bha i a' coiseachd a-null thuige, bha i a' toirt sùil gheur air. Mar bu dlùithe a bha i a' coimhead air agus mar a bha i a' tighinn suas thuige, thàinig sgleò tarsainn air a h-aodann. Bha rudeigin ann nach robh ceart, nach robh a' dèanamh ciall.

Anns a' chiad àite thug i an aire nach robh cabhsair timcheall an togalaich idir. Agus cha robh staran a' treòrachadh chun an dorais, dìreach feur àbhaisteach glas. Cuideachd cha b' ann ceàrnagach a bha e ach le cumadh a bha rudeigin cruinn. 'S e 'uinneagan' àrda a bh' ann le srianagan dearga eatarra. Stad i mus do ràinig i an doras. Bha i mu shia troighean air falbh bhuaithe. Thuirt guth na h-inntinn rithe stad. Bha i an sin airson greis a' coimhead, i làn dragh. Dè b' urrainn dhi a dhèanamh?

Beag air bheag, ceum air cheum, thàinig i na b' fhaisge air an doras. Nuair a bha i dìreach troigh air falbh, dh'fhosgail e leis fhèin. Dh'fhuirich i far an robh i, rinn i cupa le a làmhan air a beul, agus ghlaodh i aig àrd a cinn, 'Ailig, Ailig a bheil thu an sin?'

Cha tàinig fuaim sam bith air ais, ach chunnaic i na casan aig mullach na staidhre. Casan caola, uaine grànda. Tòrr dhiubh. Chunnaic i an uair sin an ceann agus na sùilean. Cha do dh'fhan i ris a' chòrr. Thionndaidh i agus ruith i aig peilear a beatha air ais chun an rathaid. Bha a falt fada ruadh a' sruthadh air a cùlaibh agus a cridhe a' bragail na broilleach. Dh'fheumadh i cuideachadh fhaighinn. Dh'fheumadh i càr a stad.

Rug dithis dhe na creutairean, aon air gach taobh dheth, air gàirdeanan Ailig. Bha an craiceann uaine agus na gàirdeanan aca mar ròpannan le trì corragan. Cha robh aodach idir orra. Agus ma bha beul aca cha robh iad ag ràdh dùrd. Tharraing iad e sìos trannsa agus lean na còig creutairean eile air an cùl. Thàinig iad gu doras gorm le solais ioma-dhathach a' priobadaich timcheall air. Dh'fhosgail an doras leis fhèin agus dhrag iad a-staigh e. Beag air bheag bha e a' call a dhòchais gum faiceadh e Sandra gu bràth tuilleadh. Bha e na phrìosanach aig creutairean à saoghal eile.

Ann am meadhan an làir bha creutair mòr neònach cruinn. Bha e mar ochd-chasach ach gun robh dusan cas air, mas e casan a bh' annta. Bha iad fada, caol uaine agus air bàrr gach tè bha trì òrdagan, no am b' e corragan. Bha ochd sùilean mòra uaine a' deàrrsadh air a mhullach, a' dol soilleir agus an uair sin dorcha. Mu a choinneamh bha sgàilean mòr air an robh mapa de rionnagan. Cha robh Ailig uabhasach eòlach air na rionnagan ach dhèanadh e a-mach na Pleiades. Bha e a' faireachdainn tinn. Dè bha iad a' dol a dhèanamh ris?

Thòisich mar gum biodh guth a' bruidhinn ris na cheann. Cha robh e a' cluinntinn càil le a chluasan ach bha an guth mar gum biodh e na inntinn.

'Tha thu an seo air son adhbhar,' thuirt an guth. Cha robh e coltach ri guth a chuala e riamh. Bha e fuar agus mar ghuth a thigeadh à inneal. 'Bidh sinn ga do thoirt air ais chun an t-saoghail againne, ma bhios tu freagarrach.'

'... ma bhios tu freagarrach.' Chuir na facail sin gaoir tro fheòil. Freagarrach airson dè?

'Cuir air an uirigh e,' dh'òrdaich an guth.

Tharraing dithis dhe na creutairean e a-null gu seòrsa de leabaidh chòmhnard. Chuir iad na laighe an sin e agus chuir iad clogaid air a cheann. Dh'fhàs a h-uile càil dorcha agus chaill e a mhothachadh.

Nuair a dhùisg e bha e mar gum biodh òrd a' bualadh na cheann agus a cheann uabhasach goirt. Bha na creutairean leis an dusan cas agus na sùilean mòra uaine nan seasamh mun cuairt air. Bha iad a' coimhead ris an uilebheist leis na h-ochd sùilean uaine, mar gum biodh iad a' feitheamh airson òrdugh.

Thàinig an guth thuige na cheann a-rithist, 'Leigibh às e. Chan eil feum sam bith ann. Tha gaol mòr aig an duine seo air boireannach, boireannach le falt ruadh. 'S e gaol ceart, urramach a th' ann. Chan urrainn dhuinn buaidh a thoirt air gaol mar seo. Thoiribh air falbh e. Cha bhi cuimhne aige air sìon a thachair dha.'

Rug dithis de na creutairean àrda air agus threòraich iad a-mach e. An ath rud a bha cuimhne aige air 's e a bhith faicinn Sandra pìos bhuaithe shìos ri taobh an rathaid. Bha i mar gum biodh rudeigin ceàrr. Chuimhnich e an uair sin gun robh iad air mìos nam pòg agus gun robh an càr aige air briseadh sìos. Ruith e sìos thuice.

Bha i ann an droch staid. Bha càraid, a bha nam meadhan aois, air stad ga cuideachadh agus eadar an èigheach agus na deòir, bha i a' feuchainn ri innse dhaibh dè a thachair. Choimhead iad oirre le iongnadh agus amharas mar gun robh i às a ciall.

'Dè tha sibh a' dèanamh air a' bhean agam,' ghlaodh Ailig gu fiadhaich.

Thuit am bilean agus iad làn tàmailt.

'Chan eil sinn a' dèanamh càil air a' bhean agad. Bha i 'g iarraidh cuideachadh agus stad sinn,' thuirt am fireannach a bha a' bruidhinn le guth Ghlaschu.

Thilg Sandra a gàirdeanan timcheall Ailig. 'O, a ghaoil,' thuirt i ann an guth briste. 'Dè a rinn na creutairean uaine a bha siud ort?'

'Creutairean?' Cha robh e cinnteach dè bha i ciallachadh. Chuimhnich e gun robh an càr aca air briseadh sìos agus gun deach e a lorg cuideachaidh. Ach 'creutairean', cò air a bha i a-mach?

'Nise, nise, ghaoil, bidh thu ceart gu leòr. Cha robh creutairean sam bith faisg orm.'

Chrath a' chàraid à Glaschu an cinn agus ghluais iad air falbh air an socair, a' dèanamh air a' charbad aca, ach a' cumail sùil fhaiceallach air an cùlaibh.

Bha Sandra a' gal, 'O, Ailig, tha mi cho toilichte… gun d' fhuair thu às gu sàbhailte.'

Cha robh e a' tuigsinn cò air a bha i a-mach, ach threòraich e chun a' chair i. 'Suidh sìos, a ghaoil,' thuirt e cho caomh socair 's a b' urrainn dha, 'agus inns dhomh dè tha ceàrr.'

Bha eagal na h-aodann. 'Thall an sin, soitheach… nan creutairean coimheach.'

Choimhead e tro na craobhan far an robh i a' smèideadh. Cha robh e a' faicinn dad. 'Bha thu ag aisling a ghaoil, chan eil càil an sin.'

'Bha e ann,' thuirt i na h-èiginn, 'bha e ann.'

Chunnaic e gun robh eagal mòr oirre ged nach robh e a' tuigsinn carson, agus gun robh i ag iarraidh falbh.

Dh'fheuch e an t-einnsean. Thàinig e beò gun dragh sam bith.

'Feumaidh gur e na sìthichean a bh' ann,' thuirt e le gàire. Dhràibh e air falbh bhon àite far an robh iad air stad. Bha a cheann goirt. Ach chuimhnich e an uair sin gun robh iad dìreach air pòsadh agus gun robh e air mìos nam pòg còmhla ri gaol a' chridhe. Bu chòir dha sin goirteas sam bith a ruagadh air falbh.

Bha ise ri thaobh agus grèim bàis aice air agus iad a' dràibheadh chun a' phuirt-adhair.

Chuir e làmh gu coibhneil air a gàirdean. 'Bidh tu ceart gu leòr, a ghaoil,' thuirt e a-rithist agus a-rithist, 'bidh tu ceart gu leòr, cha robh ann ach aisling.'

Eadar a' Chlach 's an t-Iarann

CARSON A BHODRAIG i mum dheidhinn? Chan eil fhios a'm. Mise, Iain 'Muir-is-Tìr' a mhurt duine eile, ged a thuirt a' chùirt gur e marbhadh le coire a bh' ann. Ach às bith dè an t-ainm a bheir iad air, 's e droch rud a bh' ann, fìor dhroch rud. Chan urrainn dhomh mathanas a thoirt dhomh fhìn.

A' seo sa phrìosan latha às dèidh latha, seachdain às dèidh seachdain, mìos às dèidh mìos… Dìol-dèirce a th' air a bhith annam, leis an fhìrinn innse, a' coimhead air na ceithir ballachan latha às dèidh latha. Mura b' e na drogaichean a thug an dotair dhomh, bhithinn air cur às dhomh fhìn o chionn fhada. Ach an uair sin thàinig a' litir. Shuidh mi air a' leabaidh agus leugh mi i a-rithist agus a-rithist. Cha b' urrainn dhomh a chreidsinn gun robh cuideigin, cuideigin nach aithnichinn idir, a' bodraigeadh sgrìobhadh thugam. Agus mar a bha i a' bruidhinn rium, le co-fhaireachdainn…

Iain chòir,

Bidh tu a' tuigsinn nach eil e soirbh dhomh an litir seo a sgrìobhadh. Agus bidh tu ag ràdh riut fhèin, tha mi cinnteach, cò an òinseach a tha seo agus carson a tha i a' sgrìobhadh thugamsa? Uèl, a's a' chiad àite 's ann às an aon bhaile a tha sinn, ged nach do choinnich sinn a-riamh. Bha mise air ùr-thighinn ann nuair a bha thusa dìreach air falbh. Ach chuala mi mar a thachair dhut agus bha mi a' leughadh mun chùis-lagha agad anns na pàipearan! Gu dearbh, nuair a bha thu san Àrd-chùirt ann an Glaschu o chionn bliadhna, bha mise an sin ag èisteachd gu dùrachdach!

Cha robh mi a' tuigsinn a h-uile facal, gu dearbh cha robh mi a' tuigsinn mòran idir. Ach bha mi a' tuigsinn aon rud, 's e sin nach robh thu ciontach de mhurt. Bha thu san taigh-òsta, bha dramaichean air a bith agad, thuirt Teàrlach facal riut nach do chòrd riut. Thug thu slaic dha air a smiogaid, thuit e, 's mar a bha e tuiteam bhuail a cheann air bòrd agus 's e sin a thug bàs dha. Cha robh thu a' ciallachadh a mharbhadh. Bha mi a' faireachdainn cho duilich air do shon!

Cha leig thu leas an litir seo a fhreagairt mura h-eil thu ag iarraidh. Tha mi cinnteach gum bi e a' faireachdainn neònach thu faighinn litir bho chuideigin ris nach do choinnich thu riamh. Ach creid mi, chan eil mi ach airson do chuideachadh, mas urrainn dhomh. 'S dòcha nach bi duine ann a chuidicheas tu, chan eil fhios agamsa. Chuala mi nach eil do theaghlach a' dol faisg ort, nach eil iad ag iarraidh gnothach riut.

Chan eil fhios a'm an e an fhìrinn a tha sin, ach mas e, feumaidh gu bheil e uabhasach! 'S e neach-ealain a th' annamsa. Bidh mi ag obair le crèadh, a' dèanamh shoithichean agus ìomhaighean mar bheathaichean agus rudan faoin eile. Tha mi dìreach 30. Cha do sgrìobh mi litir mar seo a-riamh – tha mi ciallachadh gu cuideigin a tha sa phrìosan. Agus cha leig thu leas freagairt. Cha ghabh mi dona idir e.

A's an dealachadh, 's e adhbhar eile a tha mi a' sgrìobhadh thugad nach robh mi a' tuigsinn dè bha an neach-lagha agad ag ràdh san taigh-chùirt. Bha an diùraidh ga thuigsinn agus an luchd-lagha eile ach cha robh mise ga thuigsinn idir. Bha esan agus thu fhèin ag innse dhaibh carson dìreach a bhuail thu e, an rud a chuir dragh ort. 'S e sin nuair a thuirt e gur e 'idealist' a bh' annad. Bha dùil a'm gun robh sin a' ciallachadh rud math. Gun robh thu ag iarraidh do dhìcheall a dhèanamh anns a h-uile càil. B' fheàrr leam gun canadh cuideigin sin riumsa! Nam b' urrainn dhut a mhìneachadh dhomh carson a rinn e cho fiadhaich thu, bhiodh sin uabhasach math. Ach mura h-eil thu ag iarraidh, tha sin ceart gu leòr cuideachd.

Tha mi bleadraich 's a' bleadraich. Thoir mathanas dhomh airson a bhith cho gòrach.

Na bi eu-dòchasach! Tha fhios a'm agus agadsa nach robh thu a' ciallachadh a mharbhadh.

Thoir an aire.

Deirdre NicCoinnich.

P.S. Tha mi a' cur dealbh thugad dhìom fhìn gus am faic thu cò tha bruidhinn riut.

Fhreagair e an litir aice.

A Dheirdre chòir,

Tha mi toilichte gu bheil do leithid ann. Mura biodh tusa air sgrìobhadh chan eil fhios a'm ciamar a bhithinn anns a' phrìosan na mallachd a tha seo, eadar clach agus iarann. 'S toigh leam an dealbh dhìot fhèin a chuir thu, tha thu brèagha agus cho còir a' coimhead. Bha thu a' faighneachd ciamar a thachair e gun do mharbh mi an duine bochd. Thig mi gu sin. Ach an toiseach taing, taing, taing airson sgrìobhadh thugam. Agus eil fhios agad, chan eil mi airidh air gu sgrìobhadh duine sam bith thugam. Tha mi a' faireachdainn cho ciontach, mar phìos salachair, sin mar a tha mi a' faireachdainn. Ach gu bheil daoine coltach riut fhèin san t-saoghal, tha sin ga dhèanamh beagan nas fhasa a bhith beò a's an t-sloc uabhasach a tha seo, latha às dèidh latha a' dol seachad agus mi air mo chuairteachadh leis na ceithir ballachan. Ach gu bheil cuideigin coltach riutsa ann a tha deònach mathanas a thoirt do dh'amadan 's do dh'eucorach gun chiall, tha sin ga dhèanamh nas fhasa.

Tha thu ag ràdh gu bheil co-fhaireachdainn agad rium! Cha mhòr gun urrainn dhomh a chreidsinn gu bheil co-fhaireachdainn aig duine sam bith riumsa às dèidh a' rud a rinn mi. Tha thu ag iarraidh orm innse dhut bhon toiseach dè dìreach a thachair. Feuchaidh mi. Ach chan eil e soirbh. Tha a' rud a thachair dhomh cho uabhasach 's nach eil fhios a'm ciamar as urrainn dhomh a mhìneachadh do dhuine beò. A bheil thu tuigsinn, chan e rud nàdarrach a bh' ann. Bha thu a' faighneachd ciamar a thachair e agus carson a mharbh mi an duine.

Creid mi, a Dheirdre, cha robh mi a' ciallachadh Teàrlach a mharbhadh. Cha robh idir, idir. Bha mi san taigh-òsta, A' Hebrides, an oidhche a bha seo agus mar a thuirt thu bha mi air dramaichean matha a ghabhail. Cha robh mi uabhasach eòlach air Teàrlach ach bha e na sheasamh rim thaobh. Bha an t-àite a' brùchdadh le daoine. Thionndaidh e rium agus thuirt e ann an guth gu math socair, 'You know, Iain, you're an idealist.'

Uèl, ma thuirt, chaidh a h-uile càil dearg, agus thug mi dòrn dha. Carson, tha thu a' faighneachd, a chuir sin an fhearg orm. Uèl, 's e stòiridh caran fada a th' ann. Tha dà chiall aig an fhacal 'idealist', a' chiall a dh'ainmich thu fhèin far a bheil duine ag iarraidh dèanamh cho math 's as urrainn dha a's a h-uile càil. 'S e moladh a tha sin, mar a thuirt thu.

Ach tha ciall eile aig an fhacal. 'S e 'idealist' cuideigin a tha a' smaoineachadh gur e inntinn agus smaoin bun-stèidh an t-saoghail. Chan eil fhios a'm dè a' Ghàidhlig a th' air – smaoinealas 's dòcha. Calg-dhìreach an aghaidh sin tha beachd ann gur e stuthalas – no 'materialism' – bun-stèidh an t-saoghail, gu bheil a h-uile càil a' tighinn bhon stuth a chì do shùil. Chan urrainn na dhà a bhith fìor.

Bha mise riamh a' smaoineachadh gur e gòraich a bh' ann an smaoinealas, nach eil e cho soilleir 's a ghabhas gu bheil a h-uile càil ag èirigh a-mach às a' stuth a th' ann timcheall oirnn. Bha mi a' smaoineachadh gun robh e ag ràdh gun robh mi às mo chiall, nach robh annam ach amadan a' smaoineachadh gun robh a h-uile càil stèidhichte air smaoin. Sin carson a thug mi dòrn dha. Tha e cho gòrach, tha fhios a'm, ach sin an fhìrinn, sin carson a bhuail mi an duine bochd. Tha mi cho duilich, a Dheirdre, cha bhi fhios agad gu bràth cho duilich.

Tha e cho uabhasach a' smaoineachadh gun do mharbh mi cuideigin, gun tug mi a bheatha bhuaithe. Agus a-nis tha mi a' tuigsinn nach robh e a' ciallachadh càil dona, gur e a' chiall a dh'ainmich thu fhèin a bh' aige, gun robh mi a' feuchainn ri bhith ro mhath.

Chan eil mi uabhasach math air rud a mhìneachadh. Tha mi duilich mur do mhìnich mi ceart a' rud a bha mi a' faireachdainn. Ach mus fhalbh mi, carson nach tig thu a thadhal orm sa phrìosan. Chan eil mi a' faicinn duine beò. Mar a thuirt thu, chan eil an teaghlach agam ag iarraidh gnothach rium. Chan eil iad a' tuigsinn a' ghnothaich idir. Tha iad a' smaoineachadh gur e droch isean a th' annam.

Tha mi an dòchas cluinntinn bhuat a dh'aithghearr.
Iain 'Muir-is-Tìr'

Tha mi an dòchas gum freagair i, ach tha mi teagmhach. Tha e an crochadh air aon rud, am bi i a' tuigsinn an diofar eadar stuthalas agus smaoinealas. Tha fhios a'm mar a bha mi fhìn uair den robh saoghal, cha robh for agam dè bh' ann a' smaoinealas, ach a-nis tha e cho soilleir ris a' ghrèin sna speuran gu bheil inntinn a' tighinn an toiseach. Chan e sin a-mhàin ach 's e inntinn a th' anns a h-uile càil. Ciamar a b' urrainn beatha agus mac-meanmna agus smaointean agus faireachdainn agus cogais tighinn à stuth cruaidh fuar righinn mar chlach agus iarann agus poll agus dadum? Co-dhiù, 's e th' anns an dadum fhèin ach inntinn agus fiosrachadh. Agus mas e, cò às a thàinig am fiosrachadh? Tha fiosrachadh agus tuigse sgrìobhte anns a h-uile dadum sa chruinne-cè. Feumaidh mi sin innse dhi. Ma fhreagras i…

Cuiridh mi geall nach freagair i. Bidh i smaoineachadh gur e amadan a th' annam agus cha bhi i fada ceàrr…

Ach latha no dhà às dèidh sin thàinig litir eile bhuaipe.

Iain chòir,

Bha mi cho toilichte litir fhaighinn bhuat an-dè. Feumaidh gu bheil e uabhasach steigte a's a' phrìosan fad an t-siubhail latha às dèidh latha. Bu thoigh leam tighinn a thadhal ort ann an Glenochil ceart gu leòr. Faodaidh mi fuireach còmhla ri Mòrag mo bhanacharaid ann an Sruighlea. Inns dhomh dè an latha agus an uair a bu fhreagarraiche. 'S dòcha an ath sheachdain no an t-seachdain às dèidh sin. Bidh e math coinneachadh riut aghaidh ri aghaidh.

Agus tapadh leat airson innse dhomh carson a bhuail thu Teàrlach. Tha mi a' tuigsinn carson a bhiodh tu cho fiadhaich. Tha e doirbh dhòmhsa stem a dhèanamh dhe rudan mar stuthalas agus smaoinealas. Bha mi riamh a' sàs ann a' rudan, mar a bhith ag obair le crèadh, agus cha tàinig e staigh orm a-riamh an rud a bha thu ag ràdh, gum faodadh gur e smaoin a th' aig bun a h-uile nì – tha mi duilich, chan eil mi a' tuigsinn sin idir. 'S beag an t-iongnadh ged a thug thu slaic dha, gu h-àraidh agus beagan smùid ort. Coltach riut fhèin, bha mise an-còmhnaidh a' smaoineachadh gun robh smaointean a's an inntinn agad agus gun robh an inntinn ceangailte ris an eanchainn agus nuair a dh'fhalbhas an eanchainn gu bheil na smaointean a' falbh cuideachd.

So, na gabh dragh, tha mi a' tuigsinn carson a bhuail thu e, gu h-àraidh agus dramaichean agad. Nach math gu bheil sinn a' tuigsinn a chèile! Tha mi a' coimhead air adhart gu mòr ri coinneachadh riut, gu h-àraidh seach gu bheil mi a-nis a' tuigsinn carson a bhuail thu e.

Le gaol,
Deirdre xxx

Uèl, fhuair mi freagairt. Tha i a' feuchainn ri bhith còir, ach chan eil tuigse sam bith aice. Dè bu chòir dhomh a dhèanamh? Bliadhna air ais, bha mi dìreach coltach rithese, a' creidsinn gu mòr ann a' stuthalas. Ach a-nis às dèidh bliadhna sa phrìosan agus mi air a bhith a' leughadh 's a' rannsachadh 's a' smaoineachadh, tha mi air m' inntinn atharrachadh. Tha mi deimhinne às nach b' urrainn a' saoghal seo tighinn gu bith gun inntinn air a' chùlaibh. Ach tha ise steigte far a bheil i, far a' robh mise, ann a' saoghal a' stuthalais, na prìosan fhèin. Cha b' urrainn dhuinn còmhradh ceart a bhith againn. Tha sinn mar am Pòla a Tuath 's am Pòla a Deas, mar mhuir is tìr, talamh is adhar, dubh is geal, teagamh is creideamh, cha b' urrainn dhuinn gu bràth tighinn faisg air a chèile no a chèile a thuigsinn. Tha mi leam fhìn a-rithist sa chealla a' coimhead ris na rionnagan tron uinneig bhig bhreòite, eadar a' chlach san t-iarann… Feumaidh mi sgrìobhadh thuice.

Deirdre chòir,

Tha e doirbh dhomh seo a ràdh, ach feumaidh sinn sgur a sgrìobhadh gu chèile. Gu fortanach, chan eil sinn ro eòlach air a chèile agus le sin cha bhi e cho doirbh dhuinn sin a dhèanamh. Feumaidh mi seo a mhìneachadh dhut. Ged a thuirt mi sa litir mu dheireadh gun robh mi a' creidsinn ann a' stuthalas, tha mi air m' inntinn atharrachadh anns a' bhliadhna mu dheireadh agus mi a-nis gu mòr a' creidsinn gu bheil smaoin agus inntinn air cùl a h-uile càil th' ann. Thachair sin on thàinig mi dhan phrìosan.

Seach gu bheil thu cho mòr a' creidsinn ann a' stuthalas, chan eil cus ann a b' urrainn dhuinn a ràdh ri chèile. 'S dòcha gum biodh sinn dìreach ag argamaid. Tha mise a-nis a' faicinn cho ceàrr 's a bha mi fhìn, a' smaoineachadh gun robh a h-uile càil ag èirigh à stuthan nàdarrach, o pholl, o chrèadh, 's o chlach is rudan mèinnireach. Bliadhna air ais, nam bithinn air a bhith creidsinn ann a' smaoinealas, cha bhithinn air an duine bochd a mharbhadh. Tha fhios a'm air sin. 'S ann a bhithinn air taing a thoirt dha.

Tha mi toirt taing mhòr dhutsa gun do smaoinich thu air

sgrìobhadh thugam sa phrìosan. Ach tha mi an dòchas gun tuig thu, seach gu bheil sinn cho eadar-dhealaichte bho chèile, nach biodh e gu mòran feum cumail a' dol.

Mar sin leat,
Iain 'Muir-is-Tìr'

Thàinig an fhreagairt aice ann an latha no dhà.

Iain chòir,

Tha mi uabhasach duilich leis an litir mu dheireadh agad. Feumaidh mi a ràdh nach eil e gu diofar leamsa dè tha thu a' creidsinn. Sgrìobh mi thugad dìreach seach gun robh mi a' faireachdainn duilich air do shon (Am faod mi sin a ràdha?) agus mi a' creidsinn gu làidir nach robh thu ag iarraidh Teàrlach a mharbhadh.

Dè an diofar dè tha daoine creidsinn mun t-saoghal, fhad 's a tha iad còir agus coibhneil ri an co-chreutairean. Chan e feallsanach a th' annamsa. Cha robh fhios a'm air na faclan 'stuthalas' agus 'smaoinealas' gus an tuirt thu fhèin iad. Siuthad a-nis, thoir dhomh mathanas mura h-eil mi a' creidsinn na rudan a's a bheil thusa a' creidsinn! Faodaidh sinn fhathast a bhith coibhneil ri chèile.

Ma tha thu ag iarraidh cumail ort a' sgrìobhadh thugam (nuair a smaoinicheas tu mu dheidhinn) bidh sin math. Mura h-eil, tha mi an dòchas gun toir thu mathanas dhut fhèin airson na tha air tachairt dhut, agus mathanas dhòmhsa airson sgrìobhadh.

Le deagh rùn,
Deirdre

Cha robh dùil a'm gu sgrìobhadh i air ais. Tha i coibhneil, gun teagamh sam bith. Tha i 'g iarraidh cuideachadh. Ach chan eil tuigse aice air dè tha stuthalas a' ciallachadh. Ma tha stuthalas fìor agus ma dh'èirich an saoghal o chreig is o chloich is o mhèinnirean, chan eil ciall sam bith aig an t-saoghal. Chan eil a bhith còir agus coibhneil a' ciallachadh dad agus 's e faireachdainnean diombuan a tha sin a thàinig leis a' ghaoith 's a dh'fhalbhas leis a' ghaoith. Feumaidh mi sin innse dhi, ged nach bi i a' tuigsinn… tha mi glè chinnteach à sin…

A Dheirdre,

Ma tha stuthalas fìor, chan eil a bhith còir agus coibhneil a' ciallachadh dad. Bhiodh e cheart cho ciallach a bhith an-iochdmhor agus nad eucorach.
Iain 'Muir is Tìr'

Bha teagamh agam gum freagradh i, ach fhreagair.

Iain chòir,

Tha mi fhathast a' faireachdainn duilich air do shon. Ma dh'atharraicheas tu d' inntinn leig fios dhomh. Tha mi an-còmhnaidh an seo. Thoir an aire.
Le coibhneas, Deirdre

Na Dèideagan

BHA A THEAGHLACH cho bochd ri rodan eaglais. Gu dearbh, bha an taigh aca ri taobh na h-eaglais. Bha lòn a' ruith seachad air beulaibh an taighe agus gu fortanach bha craobhan seilich a' fàs ri taobh an lòin. Cha robh dèideagan aige mar ghillean eile, dh'fheumadh e na dèideagan aige fhèin a dhèanamh.

Sin carson a gheàrr e slat seilich bhon chraoibh. Bha e a' dol a dhèanamh saighead; bha e air bogha a dhèanamh mu thràth de phìos maide agus tiùb rubair baidhsagail a fhuair e san dìg, oir bha baidhsagal aig athair. Thug e a-mach an sgian às a phòcaid agus thòisich e a' lomadh an rùisg den t-slait. Bha e pròiseil às a sgian. 'S e tè a bh' innte a ghabhadh dùnadh agus cur na phòcaid. Bha i feumail airson tòrr rudan mar a bhith a' dèanamh bogha agus saighead no a' gearradh sreang.

Rinn e an t-saighead fichead òirleach a dh'fhaid. Dh'fheumadh i a bhith an fhaid sin airson tarraing math fhaighinn air a' bhogha. Ach bha aon rud fhathast a dhìth. Dh'fheumadh cuideam a bhith air aon cheann den t-saighid air neo cha sheòladh i uabhasach fada. Fhuair e pìos pìob luaidhe a bha luchd an dealain air a bhith a' cleachdadh nuair a bha iad a' cur an dealain dhan taigh aca. Gheàrr e pìos luaidhe bhon phìob agus stob e e air aon cheann den t-slait. Bha e a-nis deiseil airson a' bhogha fheuchainn.

Bha e a-muigh sa ghàrradh nuair a bha e a' dèanamh seo agus ann am preas fiùise a bha faisg air làimh bha brù-dheirg na shuidhe air geug agus mar gum biodh e le a shùil bheag bhiorach a' coimhead air. Air a shocair chuir e saighead sa bhogha agus chuimsich e air a' bhrù-dheirg, ach a cheart cho luath, chuir e sìos am bogha.

Ciamar a b' urrainn dha a bhith cho suarach, eadhon a' smaoineachadh air a leithid. Sheas am brù-dhearg far an robh e mar nach biodh eagal air. Chùm iad a' coimhead air a chèile.

Chuimhnich e mar a chunnaic e caraid-sgoile dha a' breith air cuileag agus a' toirt nan sgiathan dhith agus na casan. Bha e air a sgreamhachadh. Ciamar a b' urrainn duine sam bith siud a dhèanamh agus carson? Bhòidich e sa mhionaid sin nach biodh e dona dha beathach gu bràth.

Chuala e urchair gunna bho thaigh nàbaidh a bha mu shia ceud slat air falbh. Gu leamh dha, bhiodh e uaireannan a' cluinntinn na h-urchaire ud. Rinn e dragh dha gun robh gunna aig a nàbaidh agus gum biodh e a' marbhadh eòin, 's chan eil fhios dè eile.

Chuala e guth air a chùlaibh. 'S e Ailean, gille den aois aige fhèin a bh' ann a bha a' fuireach trì croitean air falbh.

'Haidh, dè th' agad an sin?' Thug e sùil air a' bhogha.

'Och, dìreach bogha a rinn mi.'

'Tha e math. Dè bhios tu a' dèanamh leis, a' marbhadh eòin?'

Thàinig rudhadh na ghruaidhean. 'Cha bhi idir.'

'Dè feum a th' ann ma-thà?'

Mhìnich e gum biodh e dìreach a' feuchainn dè cho fada 's a dheigheadh an t-saighead.

'A bheil thu ag iarraidh shot?'

Bha iad greis a' cluich a' feuchainn cò a b' fhaide a chuireadh an t-saighead. Mu dheireadh dh'fhàs Ailean sgìth den chleas agus bha aig Seumas ri innse dha nach robh dèideagan eile aige. Thug Ailean cuireadh dha a thighinn chun an taigh' aigesan gus am faiceadh e na dèideagan aige. Chaidh iad a-null gu taigh Ailein.

Cha fhaca Seumas a-riamh a leithid a dhèideagan. Càraichean, plèanaichean, gunnaichean, breigichean airson rudan a thogail agus iomadh rud annasach eile. 'S e plèana mòr le solais a dhèanadh priobadh an dèideag mu dheireadh a bha e air fhaighinn.

'Nach eil am plèana seo math,' ghlaodh Ailean.

Bha aig Seumas ri aideachadh gun robh. Bha iomadh rud aig a charaid a bha math.

Chluich iad airson uair a thìde no dhà leis na dèideagan agus an uair sin thill Seumas dhan taigh aige fhèin. An oidhche sin, nuair a chaidh e dhan leabaidh bha deòir na shùilean. Carson a bha a leithid de dhèideagan aig aon duine agus gum feumadh esan na dèideagan aige fhèin a dhèanamh?

Ach mus do thuit e na chadal chuimhnich e gur e Ailean a bha a' toirt nan sgiathan agus nan casan den chuileig bheò. Chuimhnich e air a' bhrù-dhearg agus mar a bha e a' coimhead air le a shùil bhig bhioraich, cho ionraic. Agus smaoinich e gum b' fheàrr leis a bhith mar a bha e na mìle dèideag a bhith aige.

A' Cheist a bh' aig Ling

SHUIDH DÒMHNALL AILIG air ais a's an t-sèithear. Bha a' cheist a chuir Ling air doirbh a freagairt, ma bha e ga tuigsinn ceart. Gun teagamh 's ann mu ghaol a bha a' cheist. An robh a' cheist doirbh seach gur e Sìonach a bh' ann a' Ling, no an e nach robh e ag iarraidh a cur ceàrr, le bhith toirt freagairt cheàrr dhi. Cha robh i ach gu math òg, dà bhliadhna air fhichead mar a thuirt i fhèin. An robh i a' smaoineachadh gun robh gliocas a' dol a thighinn às na ciabhagan liath aigesan. Bha a caraid Changchang ag èisteachd gu dùrachdach. 'S ann aicese a bha an trioblaid le gaol. Smaoinich e air mar a fhuair e e fhèin san t-suidheachadh seo. Daoine bho air feadh an t-saoghail a' sruthadh a-steach dhan taigh aca. A' chiad daoine a thàinig 's e Sìonaich a bh' annta.

Nuair a thuirt Annag ris aon latha, 'Nach biodh e math nam biodh leabaidh is bracaist againn?' 's e thuirt e rithe, 'A bheil thu air am beagan cèille a th' agad a chall? Càit 'eil daoine a' dol a chadal? A's a' bhàthaich?'

'Chan ann, ach a's an t-seòmair cùil,' thuirt i fhèin gu h-aighearach, agus sgòth de notaichean a' tuirling mu ccann.

'Air a' làr no air an làir?' (bha seann rocking horse agus trealaich eile a's an rùm) thuirt e le gàire agus fhios aige nach robh fiù 's leabaidh a's an rùm.

'Cha tòir mise fada ga chur ceart,' thuirt i fhèin gu sunndach.

'Nach eil thu beagan sean airson tòiseachadh air rud mar sin?'

Cho luath 's a thuirt e e bha fhios aige gur e an rud ceàrr a thuirt e.

''S dòcha gur e seann bhodach gun fheum a th' annadsa', arsa Annag, agus rudhadh a' tighinn na gruaidh, 'ach tha mise cho fiot, fallain ri fiadh.'

Dh'fhàg Dòmhnall Ailig aig sin e. Bha e cinnteach gur e dìreach aisling a bh' aice agus nach cluinneadh e an còrr mu dheidhinn. Dh'fhalbh e a Dhùn Èideann airson dhà no trì làithean a thadhal air a bhràthair. Nuair a thill e, thug e an aire do chàr spaideil glas na shuidhe taobh a-muigh an dorais. Ach cò fo ghrian tha seo? thuirt e ris fhèin.

Choinnich a bhean san trannsa e agus plìonas oirre a shracadh a beul. Thug i fàsgadh air agus pòg dha mar gun robh iad air ùr phòsadh. 'Tha iad air tighinn,' ghlaodh i. 'A' chiad aoighean.'

Chuir e a chorragan na chluasan mar gun robh e ma b' fhìor gan glanadh. 'An cuala mi ceart thu? Uighean an tuirt thu? Cò thug dhut na h-uighean?'

Bha i uile air bhioran, 'O, tha thu cho èibhinn! Aoighean, guests, a ghràidh, tha fhios agad glè mhath. Tha iad a's a' rùm-suidhe, Changchang agus Ling. 'S ann à Sìona a tha iad. O, tha iad cho laghach.'

Bha sruthtan a' tighinn aiste agus i air a beò-ghlacadh leis na bh' air tachairt. Mar làir fhiadhaich air faighinn saor on cheapan no mar iolaire àrd a's an adhar a' seòladh air soirbheas a saorsa.

Choimhead Dòmhnall Ailig oirre le iongnadh. Cha b' urrainn dha bruidhinn airson mionaid. Bha e a' cluinntinn còmhradh coimheach a' tighinn bhon rùm-suidhe. Cha robh e a' tuigsinn facal. Mu dheireadh thuirt e gu stadach, 'Seadh, ach càit an caidil iad?'

'Na gabh thusa dragh. Trobhad!' agus rug i air ghàirdean air. Threòraich i e chun an rùm-cùil.

Sheas e san doras agus a bheul fosgailte, 'A dhuine bhochd! Tha thu air a bhith trang', thuirt e mu dheireadh. Bha leabaidh ùr dhùbailte san rùm. Cha robh sgeul air an làir-bhreabaidh. Bha a h-uile càil cho glan ri prìne agus cho sgiobalta ri seòmar na banrigh.

Bha gàire oirre bho chluais gu cluais. 'Seo a-nis, a bhodaich, bha thu ag ràdh nach dèanainn e.' Bha i air bhioran. 'Trobhad a-nis, feumaidh tu coinneachadh riutha. Tha iad cho còir 's cho nàdarrach, mar chuideigin às a' Rubha. Thàinig iad le ultach de mheasan, eil fhios agad, agus nigh iad na soithichean. Tha iad a' ruith mar na fèidh air feadh an taighe. Chan fhaca tu càil a-riamh coltach ris.'

Cha tuirt Dòmhnall Ailig guth. Chùm e srian air a chomhairle. Cha b' urrainn dha ach a bhith sàmhach agus dithis à Sìona a' feitheamh ris.

Bha Changchang agus Ling nan suidhe air an t-sòfa cho sona ri dà bhròig. Bha Beurla gu leòr aca. Mhìnich iad gun d' fhuair iad Beurla san sgoil ann an Sìona. Ged nach robh dùil aige, 's ann a chòrd an oidhche ri Dòmhnall Ailig. Fhuair e a-mach tòrr mu dheidhinn Sìona. Fuirich ort, thuirt e ris fhèin, cha bhi seo cho dona 's a bha mi a' smaoineachadh. Cha leig mi leas falbh bhon a' lot 's thig an saoghal gu Cnoc Uaine, 's ma tha iad uile cho laghach ri seo, bidh sinn ceart gu leòr. Bha Annag toilichte. Bha i a' faicinn gun robh an gnothach a' còrdadh ris a' bhodach.

'S e oileanaich a bh' annta, ann am Breatainn airson bliadhna 's iad ag ionnsachadh mu eaconamas eadar-nàiseanta. Bha Changchang 30 agus an tèile, mar a thuirt i, 22. Bha an dithis nam buill den phàrtaidh Chomannach.

"S e urram a th' ann,' arsa Ling. Ghnog Changchang a ceann ag aontachadh.

Thionndaidh an còmhradh gu teaghlaichean. Cha robh cho fada ann 's nach fhaodadh ach aon leanabh a bhith aig teaghlach. Ach bha sin air atharrachadh, 's dh'fhaodadh a-nis dithis a bhith aca.

'Nam bithinn-sa pòsta agus ag iarraidh teaghlach chan fhaodainn ach aon leanabh a bhith agam,' arsa Ling.

Chuir sin iongnadh air a caraid. 'O, carson?'

Mhìnich Ling gun do bhris a pàrantan na riaghailtean agus gun robh bràthair aicese. Dithis a's an teaghlach, an àite aon duine. Bha e a' ciallachadh gun robh aig a pàrantan ri pàigheadh airson foghlam a bràthar agus a h-uile càil eile. Agus bha ise air a peanasachadh cuideachd. Chan fhaodadh ach aon leanabh a bhith aice, an àite dithis.

'Och, tha sin suarach, chan eil sin fèir idir,' ghlaodh Annag.

Dh'aontaich a h-uile duine nach robh.

Thàinig an còmhradh gu bràmairean. Bha bràmair air a bhith aig Changchang airson seachd bliadhna ach cha robh an teaghlach aice uabhasach toilichte leis. Bha aice ri faighinn air falbh bhon t-suidheachadh. Sin carson a thàinig i a Bhreatainn airson bliadhna, airson faighinn air falbh.

Chuir seo iongnadh air Dòmhnall Ailig. 'Nach eil daoine òga a's a' latha an-diugh a' dèanamh na thoilicheas iad fhèin. Ma tha gaol agaibh air a chèile…'

'Chan ann mar sin a tha e ag obair againne,' arsa Changchang. 'Ma tha thu a' pòsadh, tha ceanglaichean dlùth ann eadar na teaghlaichean. Feumaidh tu aire a thoirt do fhaireachdainnean do phàrantan.'

Smaoinich Dòmhnall Ailig air mar a bha cùisean o chionn fhada air a' Ghàidhealtachd. Cho cudromach 's a bha teaghlaichean agus pòsadh. 'S ann an uair sin a thàinig a' cheist bho Ling, 'An e gaol a' rud a tha cudromach no an e gu bheil sibh a' freagairt air a chèile ann an diofar dhòighean?'

Chuir a' cheist stad air. Bha fhios aige nach robh aon fhreagairt cheart ann. Dè bh' ann an gaol co-dhiù? Bha tòrr sheòrsaichean gaoil ann, earotach, romansach, spioradail… Agus bha tòrr dhòighean sam faodar an gaol a mhilleadh mura biodh giùlan aon duine a' freagairt air an duine eile. 'S e ceist gu math toinnte a bh' innte. Cha robh aon fhreagairt cheart ann dhan a h-uile duine. Bha a h-uile càraid eadar-dhealaichte.

Bha iad a' coimhead air gu dùrachdach, a' feitheamh ri freagairt.

'Gabhaibh mo leisgeul mionaid,' thuirt e. Chaidh e dhan taigh-bheag.

Nuair a thàinig e air ais, bha an còmhradh air gluasad gu cuspair eile, cuspair na bu fhreagarraiche airson aoighean. Dè seòrsa bracaist a bha iad ag iarraidh làrna-mhàireach. Cha deach an còrr a ràdh mu ghaol.

Ghluais iad airson a dhol a laighe. Dh'fhalbh iad gu h-aotrom mar dhithis eilid, no mar dhithis eun làn toileachais agus beatha.

Choinnich sùilean Annaig agus Dhòmhnaill Ailig. Rinn iad snodha-gàire ri chèile. Bha an òige agus an saoghal agus an gaol a' dol mar bu ghnàth leotha.

Luath foillsichearan earranta
le rùn leabhraichean as d'fhiach a leughadh fhoillseachadh

Thog na foillsichearan Luath an t-ainm aca o Raibeart Burns, aig an robh cuilean beag dom b' ainm Luath. Aig banais, thachair gun do thuit Jean Armour tarsainn a' chuilein bhig, agus thug sin adhbhar do Raibeart bruidhinn ris a' bhoireannach a phòs e an ceann ùine. Nach iomadh doras a tha steach do ghaol! Bha Burns fhèin mothachail gum b' e Luath cuideachd an t-ainm a bh' air a' chù aig Cù Chulainn anns na dàin aig Oisean. Chaidh na foillsichearan Luath a stèidheachadh an toiseach ann an 1981 ann an sgìre Bhurns, agus tha iad a nis stèidhichte air a' Mhìle Rìoghail an Dùn Èideann, beagan shlatan shuas on togalach far an do dh'fhuirich Burns a' chiad turas a thàinig e dhan bhaile mhòr.

Tha Luath a' foillseachadh leabhraichean a tha ùidheil, tarraingeach agus tlachdmhor. Tha na leabhraichean againn anns a' mhòr-chuid dhe na bùitean am Breatainn, na Stàitean Aonaichte, Canada, Astràilia, Sealan Nuadh, agus tron Roinn Eòrpa – 's mura bheil iad aca air na sgeilpichean thèid aca an òrdachadh dhut. Airson leabhraichean fhaighinn dìreach bhuainn fhìn, cuiribh seic, òrdugh-puist, òrdugh-airgid-eadar-nàiseanta neo fiosrachadh cairt-creideis (àireamh, seòladh, ceann-latha) thugainn aig an t-seòladh gu h-ìseal. Feuch gun cuir sibh a' chosgais son postachd is cèiseachd mar a leanas: An Rìoghachd Aonaichte – £1.00 gach seòladh; postachd àbhaisteach a-null thairis – £2.50 gach seòladh; postachd adhair a-null thairis – £3.50 son a' chiad leabhar gu gach seòladh agus £1.00 airson gach leabhar a bharrachd chun an aon t-seòlaidh. Mas e gibht a tha sibh a' toirt seachad bidh sinn glè thoilichte ur cairt neo ur teachdaireachd a chur cuide ris an leabhar an-asgaidh.

Luath foillsichearan earranta
543/2 Barraid a' Chaisteil
Am Mìle Rìoghail
Dùn Èideann EH1 2ND
Alba
Fòn: +44 (0)131 225 4326 (24 uair)
Post-dealain: sales@luath.co.uk
Làrach-lìn: www.luath.co.uk